致力于绿色发展的城乡建设

# 城市文化与城市设计

全国市长研修学院系列培训教材编委会　编写

中国建筑工业出版社

审图号：GS（2019）3758号

**图书在版编目（CIP）数据**

城市文化与城市设计／全国市长研修学院系列培训教材编委会
编写. —北京：中国建筑工业出版社，2019.7
（致力于绿色发展的城乡建设）
ISBN 978-7-112-23950-4

Ⅰ. ①城…　Ⅱ. ①全…　Ⅲ. ①城市文化－研究－中国　②城市
规划－建筑设计－研究－中国　Ⅳ. ①C912.81　②TU984

中国版本图书馆CIP数据核字（2019）第131959号

责任编辑：尚春明　咸大庆　郑淮兵　陈小娟
责任校对：姜小莲　焦　乐

致力于绿色发展的城乡建设
### 城市文化与城市设计
全国市长研修学院系列培训教材编委会　编写
\*
中国建筑工业出版社出版、发行（北京海淀三里河路9号）
各地新华书店、建筑书店经销
北京锋尚制版有限公司制版
北京富诚彩色印刷有限公司印刷
\*
开本：787×1092毫米　1/16　印张：13　字数：192千字
2020年10月第一版　2020年10月第一次印刷
定价：86.00元
ISBN 978-7-112-23950-4
（34245）

# 全国市长研修学院系列培训教材编委会

# 贯彻落实新发展理念
# 推动致力于绿色发展的城乡建设

习近平总书记高度重视生态文明建设和绿色发展，多次强调生态文明建设是关系中华民族永续发展的根本大计，我们要建设的现代化是人与自然和谐共生的现代化，要让良好生态环境成为人民生活的增长点、成为经济社会持续健康发展的支撑点、成为展现我国良好形象的发力点。生态环境问题归根结底是发展方式和生活方式问题，要从根本上解决生态环境问题，必须贯彻创新、协调、绿色、开放、共享的发展理念，加快形成节约资源和保护环境的空间格局、产业结构、生产方式、生活方式。推动形成绿色发展方式和生活方式是贯彻新发展理念的必然要求，是发展观的一场深刻革命。

中国古人早就认识到人与自然应当和谐共生，提出了"天人合一"的思想，强调人类要遵循自然规律，对自然要取之有度、用之有节。马克思指出"人是自然界的一部分"，恩格斯也强调"人本身是自然界的产物"。人类可以利用自然、改造自然，但归根结底是自然的一部分。无论从世界还是从中华民族的文明历史看，生态环境的变化直接影响文明的兴衰演替，我国古代一些地区也有过惨痛教训。我们必须继承和发展传统优秀文化的生态智慧，尊重自然，善待自然，实现中华民族的永续发展。

随着我国社会主要矛盾转化为人民日益增长的美好生活需要和不平衡不充分的发展之间的矛盾，人民群众对优美生态环境的需要已经成为这一矛盾的重要方面，广大人民群众热切期盼加快提高生态环境和人居环境质量。过去改革开放40年主要解决了"有没有"的问题，现在要着力解决"好不好"的问题；过去主要追求发展速度和规模，现在要更多地追求质量和效益；过去主要满足温饱等基本需要，现在要着力促进人的全面发展；过去发展方式重经济轻环境，现在要强调"绿水青山就是金山银山"。我们要顺应新时代新形势新任务，积极回应人民群众所想、所盼、所急，坚持生态优先、绿色发展，满足人民日益增长的对美好生活的需要。

我们应该认识到，城乡建设是全面推动绿色发展的主要载体。城镇和乡村，是经济社会发展的物质空间，是人居环境的重要形态，是城乡生产和生活活动的空间载体。城乡建设不仅是物质空间建设活动，也是形成绿色发展方式和绿色生活方式的行动载体。当前我国城乡建设与实现"五位一体"总体布局的要求，存在着发展不平衡、不协调、不可持续等突出问题。一是整体性缺乏。城市规模扩张与产业发展不同步、与经济社会发展不协调、与资源环境承载力不适应；城市与乡村之间、城市与城市之间、城市与区域之间的发展协调性、共享性不足，城镇化质量不高。二是系统性不足。生态、生产、生活空间统筹不够，资源配置效率低下；城乡基础设施体系化程度低、效率不高，一些大城市"城市病"问题突出，严重制约了推动形成绿色发展方式和绿色生活方式。三是包容性不够。城乡建设"重物不重人"，忽视人与自然和谐共生、人与人和谐共进的关系，忽视城乡传统山水空间格局和历史文脉的保护与传承，城乡生态环境、人居环境、基础设施、公共服务等方面存在不少薄弱环节，不能适应人民群众对美好生活的需要，既制约了经济社会的可持续发展，又影响了人民群众安居乐业，人民群众的获得感、幸福感和安全感不够充实。因此，我们必须推动"致力于绿色发展的城乡建设"，建设美丽城镇和美丽乡村，支撑经济社会持续健康发展。

我们应该认识到，城乡建设是国民经济的重要组成部分，是全面推动绿色发展的重要战场。过去城乡建设工作重速度、轻质量，重规模、轻效益，重眼前、轻长远，形成了"大量建设、大量消耗、大量排放"的城乡建设方式。我国每年房屋新开工面积约 20 亿平方米，消耗的水泥、玻璃、钢材分别占全球总消耗量的 45%、40% 和 35%；建筑能源消费总量逐年上升，从 2000 年 2.88 亿吨标准煤，增长到 2017 年 9.6 亿吨标准煤，年均增长 7.4%，已占全国能源消费总量的 21%；北方地区集中采暖单位建筑面积实际能耗约 14.4 千克标准煤；每年产生的建筑垃圾已超过 20 亿吨，约占城市固体废弃物总量的 40%；城市机动车排放污染日趋严重，已成为我国空气污染的重要来源。此外，房地产业和建筑业增加值约占 GDP 的 13.5%，产业链条长，上下游关联度高，对高能耗、高排放的钢铁、建材、石化、有色、化工等产业有重要影响。因此，推动"致力于绿色发展的城乡建设"，转变城乡建设方式，推广适于绿色发展的新技术新材料新标准，建立相适应的建设和监管体制机制，对促进城乡经济结构变化、促进绿色增长、全面推动形成绿色发展方式具有十分重要的作用。

时代是出卷人，我们是答卷人。面对新时代新形势新任务，尤其是发展观的深刻革命和发展方式的深刻转变，在城乡建设领域重点突破、率先变革，推动形成绿色发展方式和生活方式，是我们责无旁贷的历史使命。

推动"致力于绿色发展的城乡建设"，走高质量发展新路，应当坚持六条基本原则。一是坚持人与自然和谐共生原则。尊重自然、顺应自然、保护自然，建设人与自然和谐共生的生命共同体。二是坚持整体与系统原则。统筹城镇和乡村建设，统筹规划、建设、管理三大环节，统筹地上、地下空间建设，不断提高城乡建设的整体性、系统性和生长性。三是坚持效率与均衡原则。提高城乡建设的资源、能源和生态效率，实现人口资源环境的均衡和经济社会生态效益的统一。四是坚持公平与包容原则。促进基础设施和基本公共服务的均等化，让建设成果更多更公平惠及全体人民，实现人与人的和谐发展。五是坚持传承与发展原则。在城乡建设中保护弘扬中华优秀传统文化，在继承中发展，彰显特色风貌，让居民望得见山、看得见水、记得住乡愁。六是坚持党的全面领导原则。把党的全面领导始终贯穿"致力于绿色发展的城乡建设"的各个领域和环节，为推动形成绿色发展方式和生活方式提供强大动力和坚强保障。

推动"致力于绿色发展的城乡建设",关键在人。为帮助各级党委政府和城乡建设相关部门的工作人员深入学习领会习近平生态文明思想,更好地理解推动"致力于绿色发展的城乡建设"的初心和使命,我们组织专家编写了这套以"致力于绿色发展的城乡建设"为主题的教材。这套教材聚焦城乡建设的12个主要领域,分专题阐述了不同领域推动绿色发展的理念、方法和路径,以专业的视角、严谨的态度和科学的方法,从理论和实践两个维度阐述推动"致力于绿色发展的城乡建设"应当怎么看、怎么想、怎么干,力争系统地将绿色发展理念贯穿到城乡建设的各方面和全过程,既是一套干部学习培训教材,更是推动"致力于绿色发展的城乡建设"的顶层设计。

**专题一:明日之绿色城市**。面向新时代,满足人民日益增长的美好生活需要,建设人与自然和谐共生的生命共同体和人与人和谐相处的命运共同体,是推动致力于绿色发展的城市建设的根本目的。该专题剖析了"城市病"问题及其成因,指出原有城市开发建设模式不可持续、亟需转型,在继承、发展中国传统文化和西方人文思想追求美好城市的理论和实践基础上,提出建设明日之绿色城市的目标要求、理论框架和基本路径。

**专题二:绿色增长与城乡建设**。绿色增长是不以牺牲资源环境为代价的经济增长,是绿色发展的基础。该专题阐述了我国城乡建设转变粗放的发展方式、推动绿色增长的必要性和迫切性,介绍了促进绿色增长的城乡建设路径,并提出基于绿色增长的城市体检指标体系。

**专题三:城市与自然生态**。自然生态是城市的命脉所在。该专题着眼于如何构建和谐共生的城市与自然生态关系,详细分析了当代城市与自然关系面临的困境与挑战,系统阐述了建设与自然和谐共生的城市需要采取的理念、行动和策略。

**专题四:区域与城市群竞争力**。在全球化大背景下,提高我国城市的全球竞争力,要从区域与城市群层面入手。该专题着眼于增强区域与城市群的国际竞争力，分析了致力于绿色发展的区域与城市群特征，介绍了如何建设具有竞争力的区域与城市群，以及如何从绿色发展角度衡量和提高区域与城市群竞争力。

**专题五：城乡协调发展与乡村建设。** 绿色发展是推动城乡协调发展的重要途径。该专题分析了我国城乡关系的巨变和乡村治理、发展面临的严峻挑战，指出要通过"三个三"（即促进一二三产业融合发展，统筹县城、中心镇、行政村三级公共服务设施布局，建立政府、社会、村民三方共建共治共享机制），推进以县域为基本单元就地城镇化，走中国特色新型城镇化道路。

**专题六：城市密度与强度。** 城市密度与强度直接影响城市经济发展效益和人民生活的舒适度，是城市绿色发展的重要指标。该专题阐述了密度与强度的基本概念，分析了影响城市密度与强度的因素，结合案例提出了确定城市、街区和建筑群密度与强度的原则和方法。

**专题七：城乡基础设施效率与体系化。** 基础设施是推动形成绿色发展方式和生活方式的重要基础和关键支撑。该专题阐述了基础设施生态效率、使用效率和运行效率的基本概念和评价方法，指出体系化是提升基础设施效率的重要方式，绿色、智能、协同、安全是基础设施体系化的基本要求。

**专题八：绿色建造与转型发展。** 绿色建造是推动形成绿色发展方式的重要领域。该专题深入剖析了当前建造各个环节存在的突出问题，阐述了绿色建造的基本概念，分析了绿色建造和绿色发展的关系，介绍了如何大力开展绿色建造，以及如何推动绿色建造的实施原则和方法。

**专题九：城市文化与城市设计。** 生态、文化和人是城市设计的关键要素。该专题聚焦提高公共空间品质、塑造美好人居环境，指出城市设计必须坚持尊重自然、顺应自然、保护自然，坚持以人民为中心，坚持以文化为导向，正确处理人和自然、人和文化、人和空间的关系。

专题十：**统筹规划与规划统筹**。科学规划是城乡绿色发展的前提和保障。该专题重点介绍了规划的定义和主要内容，指出规划既是目标，也是手段；既要注重结果，也要注重过程。提出要通过统筹规划构建"一张蓝图"，用规划统筹实施"一张蓝图"。

专题十一：**美好环境与幸福生活共同缔造**。美好环境与幸福生活共同缔造，是促进人与自然和谐相处、人与人和谐相处，构建共建共治共享的社会治理格局的重要工作载体。该专题阐述了在城乡人居环境建设和整治中开展"美好环境与幸福生活共同缔造"活动的基本原则和方式方法，指出"共同缔造"既是目的，也是手段；既是认识论，也是方法论。

专题十二：**政府调控与市场作用**。推动"致力于绿色发展的城乡建设"，必须处理好政府和市场的关系，以更好发挥政府作用，使市场在资源配置中起决定性作用。该专题分析了市场主体在"致力于绿色发展的城乡建设"中的关键角色和重要作用，强调政府要搭建服务和监管平台，激发市场活力，弥补市场失灵，推动城市转型、产业转型和社会转型。

绿色发展是理念，更是实践；需要坐而谋，更需起而行。我们必须坚持以习近平新时代中国特色社会主义思想为指导，坚持以人民为中心的发展思想，坚持和贯彻新发展理念，坚持生态优先、绿色发展的城乡高质量发展新路，推动"致力于绿色发展的城乡建设"，满足人民群众对美好环境与幸福生活的向往，促进经济社会持续健康发展，让中华大地天更蓝、山更绿、水更清、城乡更美丽。

王蒙徽

2019 年 4 月 16 日

# 前言

在向高质量发展阶段转型的进程中，人民群众对建设更美丽、更有温度、更有底蕴的城市的需求也在不断增长。城市是文化的容器，文化是城市的灵魂，新时期城市风貌特色的营造，应该坚持绿色发展的理念，坚定文化自信，延续城市文脉，体现城市精神，展现时代风貌，彰显中国特色。城市设计是城市品质提升的重要支撑，一个优秀的城市设计可以为城市文化的发展谋划最佳的场所和环境。以城市文化为导向的城市设计，更加关注人文氛围和宜居空间的塑造，促进城市传统文化和现代文明的和谐共生。

本书主要探讨基于绿色发展理念，结合城市文化的城市设计思路、方法、途径。在我国城市建设高速发展时期，不少城市过分粗暴建设，破坏了生态系统，在追求发展效率中丢失了文化特色，在城市规模快速增长中忽略了人本理念。新时期的城市设计应围绕生态、文化和人三个关键要素，融合文化与设计，彰显城市风貌特色；处理好人与自然的和谐关系，促进绿色发展；处理好人与人之间的和谐关系，以人为本发展。

本书共6章。第1章对城市与城市设计的内在联系和内涵进行阐述，分析当前城市面临的文化和风貌危机，提出基于绿色发展理念的城市设计作用与任务。第2章论述如何通过城市设计实现城市与自然环境共生，即如何处理好城市与自然山水的关系，并通过城市设计建立完整、健康、连续和安全的生态系统，提高城市发展的可持续性。第3章论述如何通过空间组织塑造城市秩序与特色，即通过文化传承、空间传承延续城市文脉，并加强传统要素与时代特征的融合，在把握时代脉搏的同时延续传统文脉与特色。第 4 章论述如何营造以人为本的城市，即通过城市设计打造以人为本的空间、出行环境、居住社区和城市单元，创造充满活力、安全、便利、舒适的城市环境，最终让人感受到更好的城市生活。第 5 章论述了城市设计由策划到实施管理的全过程，探讨新时期如何通过有效的城市设计的策划实施与组织管理，提高城市的建设效率和管理能力。第 6 章以不同层次的城市设计为案例，为城市设计过程和实施管理提供借鉴和思路。

本书基于新时期城市文化风貌保护的问题导向，尝试较为系统地阐述在东方人文视角和中国城市文脉传承与创新的语境下城市设计的理论、方法和实践。希望能够以此抛砖引玉，在供广大城市建设管理者和专业技术人员参考的同时，推动中国特色城市设计的探索实践和理论总结。

# 目录

# 01

## 概述

● 人类文明的历史长河中，社会、经济、文化的发展都离不开城市这一重要的舞台。我国的城市面貌近几十年来发生了令人瞩目的变化，旧城区人居环境品质提升，新城区达到高标准、现代化的水平。与此同时，顺应人民群众对城市更美丽、更有温度、更有底蕴的需求，全国各地的城市设计实践蓬勃发展，旨在进一步探索如何通过提升城市设计水平，发挥城市设计与建设的联动效应，延续城市文脉，塑造城市特色，共同营造品质化、精细化的城市环境。因此需要进一步明晰城市与城市设计的内在联系，明晰城市设计的概念内涵，直面当前城市面临的文化和风貌危机，进一步发挥好城市设计的作用。

# 1.1 对城市的理解

　　城市是有生命的复杂有机体，有自己的生命周期、个性特征和发展轨迹。我们不能简单粗暴、机械地理解城市。城市需要脉络通畅，保证信息、力量有效传递，需要基因的复杂性以应对各种复杂事件，需要足够的伸展空间、相匹配的组织构成和稳健的身体骨架来支撑自身的高效运行。

## 1.1.1 如何认识城市

　　城市是当前地球上大部分人居住和生活的场所。最早的城市考古发现可以追溯到公元前 4 000 多年，《史记》就出现了"夏有万国""夏有城郭"的记载。在古文中，"城"的概念具有防御的功能内涵，"市"的概念具有交换、贸易的功能内涵。因此，有"城"有"市"的"城市"的基本形态都为方形或类方形。随着历史的发展，城市的内容、功能、结构、形态不断演化。2018 年，世界城市化率已达到55%，我国城市化水平达到 59.58%。地理、社会、经济、生态等众多学科，都持续关注着城市的发展，并从各自的视角给出城市的定义（表 1-1）。

各学科对城市的定义

表 1-1

| 学科 | 城市的定义 |
| --- | --- |
| 地理学 | 城市是一种特殊的地理环境，从经济地理学的角度看，城市的出现和发展是与劳动的地域（地理）分工的出现和演化分不开的。这决定了城市的生产职能，即通过工业、交通、贸易为城市及其腹地提供产品和服务等 |
| 社会学 | 城市是生态的社区、文化的形式、社会系统、观念形态和一种集体消费的空间 |

续表

| 学科 | 城市的定义 |
|------|-----------|
| 经济学 | 城市是坐落在有限空间地区的各种市场——住房、劳动力、土地、运输等——相互交织在一起的网状系统。城市经济学把各种活动要素在一定地域上的大规模集中称为城市 |
| 生态学 | 城市生态系统是自然生态系统的重要组成部分，人类建造的聚居场所承载了城市生活，城市既对其所在环境起作用，又受其所处环境影响 |

资料来源：作者根据主要参考文献［1］整理

《中国大百科全书（第一版）·城市规划卷》提出，城市是依一定的生产方式和生活方式把一定地域组织起来的居民点，是该地域或更大腹地的经济、政治和文化生活的中心；并概括了城市的基本特征：城市聚集了一定数量的人口；城市以非农业活动为主，是区别于农村的社会组织形式；城市在一定地域中在政治、经济、文化等方面具有不同的职能；城市要求相对聚集，以满足居民生产和生活方面的需要，发挥特有功能；城市必须提供必要的物质设施和力求保持良好的生态环境；城市是根据共同的社会目标和各方面的需要而进行协调运转的社会实体；城市有继承传统文化，并加以绵延发展的使命。[1]

1 吴良镛：城市规划词条，《中国大百科全书（第一版）》，http://h.bkzx.cn/item/城市。

## 1.1.2 当前城市的特征

城市是动态发展的，随着时代的发展，人们对城市本质的认识逐渐深入，各时代的城市具有不同的特征，城市发展到 21 世纪 20 年代，以下三方面的特点尤其突出。

### （1）城市在找差距的过程中减少地方特色

历史长河中，各地方因气候地理、风土人情形成了不同的形式特征，虽然城市的布局受统一形制的影响，但并不会阻碍城市展现其绚烂多彩的地方特色。进入现代，受文化趋同的影响，城市间的差异正逐渐缩小。

近代社会，班级授课制取代以一对一的文化传承方式，开启了文化趋同的路径。全球化和信息化背景下，城市中商品、服务的标准化、连锁化，使得人们的生活方式趋同。大数据时代，社会消费和行为习惯的规律性被不断汇总与强化，信息爆炸让"从众"现象遍地开花。在这样的大趋势中，适应信息"权威"和批量生产（Mass Production）要求形成的各类指标体系、评估排名，使城市单一模式化进程达到新的高度。城市文化与个性文化的保护和发展面临了更大的挑战。

**专栏：班级授课制**

16世纪，德国的马丁·路德在呼吁宗教改革的同时，也积极推动面向全体儿童的公共教育，这被视为从特权的个体教育向公共教育转型的萌芽。捷克教育家扬·阿姆斯·夸美纽斯在17世纪总结了逐渐完善的教会公共学校实践，出版《大教学论》一书，从理论的角度提出了班级授课制的模式和原则。在这些实践和理论的基础上，西方公共教育逐步完善。而在我国，传统的私塾教育模式一直延续到19世纪，之后随着洋务运动的开展，京师同文馆等一批采取班级授课制的近代学府陆续开办，这成为我国城市按照单一模式化发展的前奏，文化传承的方式也随之改变。

**专栏：大数据**

大数据是指通过新模式处理而具有海量、高增长率和多样化的信息资产，具有大量、高速、多样、价值高、真实的特点。拥有大数据分析的技术能力后，我们不再依赖于采样和统计，而是可以更准确地把握事物的全景时空变化规律和宏观发展趋势。利用大数据技术进行信息清洗和梳理分析，最终得到的是能够汇集各类活动的全部信息，作出相对全面、客观和及时的评价。

## （2）城市在追逐效率的过程中提升更新速度

传统生产方式下，城市更新模式和速度是平稳的、缓慢的。现代城市生产方式的转变，加速了城市更新的速度，并为市民提供了前所未有的丰富的物质生活条件。

在单一模式化的城市文化大背景下，求新求变是城市提升辨识度、竞争力和吸引力的法宝。成功的城市文化新概念、新空间形式可以让一座城市突围而出，引领风骚。通过高度发达的信息与文化传播，跟随者也迅速模仿变化，新的趋同局面再次出现，直到又有新的创意引导新潮流。总之，只有在变中才能紧跟时代步伐，只有在变中才能保持城市鲜活的生命力，这就形成了快速迭代的城市特征。

## 专栏：40 年城市生活的变化

改革开放以来，我国城市环境发生巨大变化（图 1-1），在居住环境、娱乐活动、消费模式等方面深刻影响着居民的生活。设计师逯薇在"家的容器"微信公众号《1978—2018 小家四十年》一文中总结道：1978 年时，全家一张铺，平房老树，澡堂搓泥，雪花重影，百年照一张；2018 年时，居者有其屋，电梯入户，干湿分离，高清液晶，一天照百张（图 1-2）。

图 1-1　上海近 30 年的天际线变迁

图片来源：https://www.hongkiat.com/blog/world-skylines-then-now

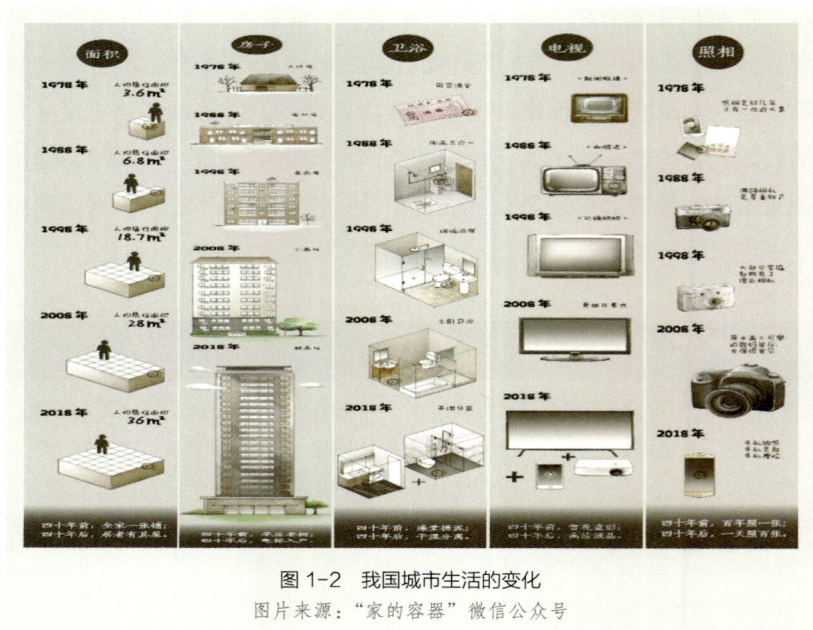

图 1-2　我国城市生活的变化

图片来源："家的容器"微信公众号

### （3）城市高速平稳运行需要秩序保障

城市是一个有机社会组织，每一个市民的生存都依赖于其他人的存在，任何人都难以独立生存于城市中，这种有机社会存在方式需要秩序保障。与此同时，城市市政和公共服务设施的高速运行需要秩序保障，社会和谐也需要秩序保障。

当代城市在高速高效交通基础设施支撑和全球互联的信息网络支持下，对人流、资金流、信息流、物流的集聚能力都达到了空前的程度，由此带来了海量的信息交换、商品交易和实体世界与虚拟世界联动的人员交往。错综复杂的社会关系要求我们通过法律、法规、契约、范式等制度设计与实施来维持良好的秩序。强化秩序可以使城市更集约、紧凑、高效地运行，但同时由于要求共同遵守各种制度、规范，也会带来对个性的打磨，这对城市特色、风貌等的传承提出了更高的要求。

新技术、新经济和新业态正深刻改变着中国人的生活消费习惯和社会交往习惯，这正在加速注重地缘、亲情联系的熟人社会走向终结，陌生人社会中对效率的追求将逐步成为主流。社会学家对工业化进程持续观察总结，提出了身份与契约的转变、社会向社区的转化、机械团结和有机团结等学说。

## 专栏：NCP 环境下的市场秩序

2020 年初突发的新型冠状病毒肺炎疫情（NCP），给市场秩序带来前所未有的影响，是当代城市空间和社会关系网络特征的典型体现。全国上下通过网络信息的传播，几乎无延时地获得疫情的最新进展。各大电商平台从最初的防护物资一扫而空，到迅速成为实体商业供应的强力有序替代，都体现了高度聚集中的强秩序。

## 专栏：陌生人社会

费孝通先生是我国著名社会学家，他在 20 世纪三四十年代扎根中国村镇基层，对中国传统社会的社会经济结构进行了广泛调研和理论总结。他在《乡土中国》一书中深刻描绘了熟人社会的特征：

"这是一个熟悉的社会，没有陌生人的社会。熟悉是从时间里、多方面、经常的接触中所发生的亲密感觉。这感觉是无数次的小摩擦里陶冶出来的结果。"

"乡土社会是靠亲密和长期的共同生活来配合各个人的相互行为，社会的联系是长成的，是熟悉的，到某种程度使人感觉到是自动的。只有生于斯、长于斯的人群里才能培养出这种亲密的群体，其中各个人有着高度的了解。"[1]

美国法学家劳伦斯·弗里德曼在《美国法简史》中形象地描绘了陌生人社会的特征：

"陌生人每天多次遇到并影响其他陌生人：在街上、电梯、飞机、商店和工作场所。在许多方面，我们的生活掌握在陌生人手中。例如，考虑乘坐从旧金山到芝加哥的飞机。喷气式飞机是一台很棒的机器。它飞得很高，在云层之上，如果出了问题，你的生活就岌岌可危了。你有什么保证飞机的制造万无一失？保养安全可靠？我们怎么知道飞行员知道他在做什么？我们怎么能确定空中管制员会做好他们的工作呢？我们几乎不认识这些人：从飞行员到航空管制员，从飞机制造厂工人到飞机维修工。因此，在我们每天数以百计的日常事件中，只能依靠规则。社会对航空安全、飞机制造方式、空中交通管制等的规章制度都提出了要求。"[2]

1 费孝通：《乡土中国》，人民出版社，2020，第42 页。

2 Lawrence Freedman, *Law in America: A Short History*（New York: Modern Library, 2004），p.7.

同时他指出，陌生人社会需要在制度层面加强法制建设，为陌生人社会涌现的种种"陌生"现象制定规则，并保证这些规则得到有效执行；在精神层面则要依赖文化的发展和道德的建构。

---

**专栏：机械团结和有机团结**

法国社会学家迪尔凯姆认为社会团结分为机械团结和有机团结两类。机械团结指社会构成要素之间按彼此相似或相同的性质形成的团结，个体保持着强烈的认同感和归属感，其存在样式类似于无机物的类聚，其存在分子是相同的，联系是机械的。它的特点是否认个性，以集体湮没个性，其典型的代表类型是出于原始、隔绝生存状态下的社会群体样式。

随着现代城市的发展，城市复杂性增加，由于人和人之间差异很大，社会分工变得十分复杂，每个人都按照社会分工执行着某种专门的职能，有机团结逐渐成为社会主流模式。有机团结使每个人都在一定程度上必须依赖其他人，每个人的个性不仅可以存在而且也成为与其他人相互依赖的基础与条件，由此形成社会有机统一体。其社会成员之间的专业分工以及信仰、生活样式、知识技能等存在着绝对的差异，但这种绝对差异性却最终形成了一个稳定、有序和充满活力的社会。分工越细，每个人对社会的依赖就越深，每个人的行动越是专业化，其个性也就越鲜明；社会部分的个体化越鲜明，社会整体的统一性也就越大。[1]

1　邓伟志：《社会学辞典》，上海辞书出版社，2009，第57-58页。

现代城市特色的减少、城市更新速度的提升和对城市秩序的依赖是对传统城市特色风貌的巨大挑战。而城市特色的缺乏，不仅是简单的审美和城市生活体验的问题，更会切断人类精神给养的来源，使得城市在推动自身、人类住区和公民可持续发展的过程中缺乏动力。

# 1.2　什么是城市设计

在古今中外的城市发展进程中，人类总是遭遇不同的社会经济环境瓶颈和困境，为了能在顺应城市基本规律的前提下解决当时的主要矛盾，城市的风貌特色和形态特征不免在历史发展进程中不断迭代更新。在城市风貌更新的过程中，设计者通过对城市形态的塑造和城市营造，积累了不少城市设计原则和依据。正是对这些城市设计手法的妥善运用，最大限度地保护和延续了各个城市的传统文脉与特色，也形成了城市间的差异。

## 1.2.1 我国古代城市设计的特点

### （1）中国古代城市规模彰显城市的社会关系和生态关系

我国的城市营建源远流长，历朝历代所遵循的法则，都蕴含着与自然和谐共处的思想，体现着社会阶层礼制的理性，适应着城中人们的营生需求。从西周开始的国家礼制典籍和诸子百家的论著，都对城市设计和建造的法则进行了细致的论述。

首先，通过规模划分彰显社会关系。《周礼·考工记》中最早确定了古代营城的形制、功能及道路建设要求等，将城邑分为三级：第一级是"王城"；第二级为"诸侯城"；第三级为"都"，即宗室和卿大夫的采邑。在城隅高度上，规定王宫"门阿之制，以为都城之制，官隅之制，以为诸侯之城制"。在营国制度方面，提出"匠人营国，方九里，旁三门，国中九经九纬，经涂九轨，左祖右社，面朝后市"，一方面是礼制"辨方""正位""体国""经野"等思想的体现，另一方面也对城市的商贸集市功能作出了安排（图1-3）。

其次，通过规模选择彰显城市与自然的关系。《商君书》中通过案例阐述了城市和乡村的规模关系，以及城市建设需要根据自然环境、土地的条件进行。《周礼·司市》中记载，"大市，日昃而市，百族为主。朝市，朝时而市，商贾为主。夕市，夕时而市，贩夫贩妇为主"，描述了当时不同类型"市"的状况。

同时，我国古代的论著中还阐述了城市与自然融合的技巧。大至

9

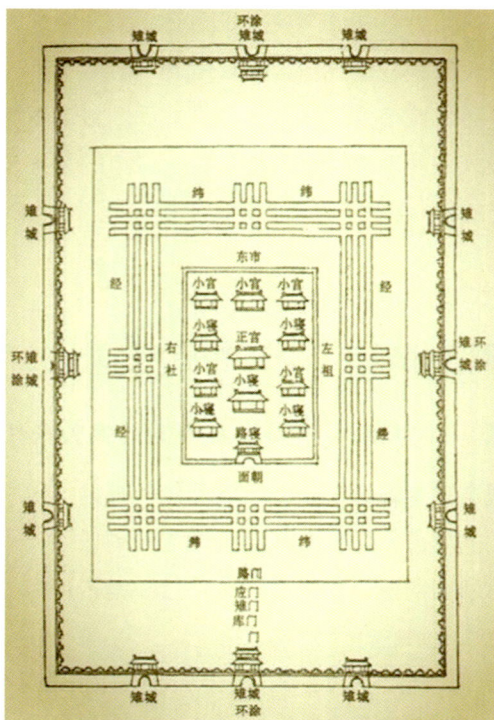

图 1-3 《周礼·考工记》的城市布局模式图

图片来源：洛阳市规划展示馆

城市选址的原则，如《管子·乘马》中"凡立国都，非于大山之下，必于广川之上，高毋近旱，而水用足，下毋近水而沟防省"的表述，就体现了在自然山水格局之下，选取水源丰富而无洪涝危害处建城为最优的生态智慧。小至人对自然的审美，如《诗经》中对山川草木的生动细致描绘。

### （2）汉长安城市设计特点和建筑模式

由于秦朝的严厉统治和秦末长期的战乱，汉代初年经济萧条，《汉书·食货志》有"民失作业而大饥馑""人相食，死者过半""自天子不能具醇驷，而将相或乘牛"等记载。汉朝都城定都长安，在当时拮据的经济条件制约下，首先在秦阿房宫的基础上修建长乐宫，后修建未央宫，再修建城墙，历经百年才逐步扩建而成（图 1-4）。

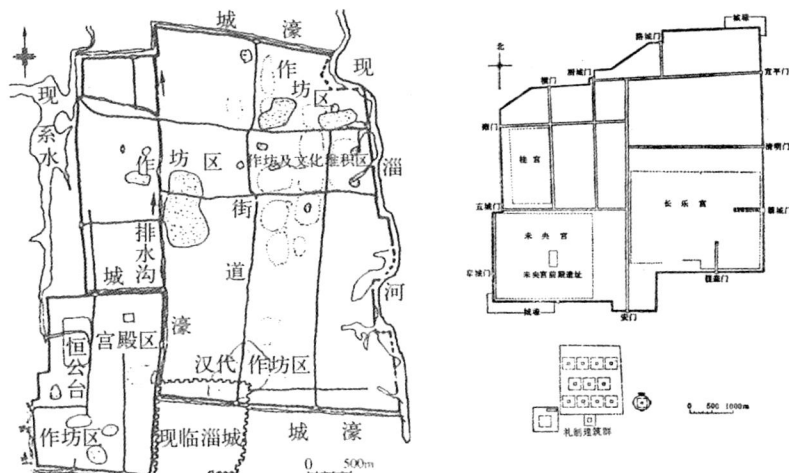

图 1-4 战国时期城市布局（左）与汉长安城城市布局（右）对比
图片来源：董鉴泓：《中国古代城市建设》，中国建筑工业出版社，1988，第 10、15 页

汉长安城多处宫殿是在秦宫的基础上修建的，设计者阳成延根据地形和以秦宫为基础，结合"天人合一"的思想，将汉长安城设计为一个斗城。长安城面积约 36km²，大约是同时期罗马城的 4 倍。长安城有 12 座城门和 8 条主要街道，最长的街道长 5 500m。城内除东西市外，以宫殿、宗庙建筑、贵族宅邸为主，约占总面积的 2/3。长乐宫、未央宫、桂宫、北宫和明光宫等宫殿集中在城市的中部和南部。未央宫是中国历史上最有名的宫殿之一。市场在城市的西北角，称"长安九市"，约占城市面积的 1/9。城内其余地方为居民区，分布在城北，划分为 160 个"闾里"。在城外西侧有面积广大的上林苑，苑内主要有昆明池、建章宫等。汉长安城的规划不再延续战国时期的"礼制""三级城邑"布局模式，而是依据地形自由布局，将宫、市及居住区布局在同一城内，成为后世广为沿用的规划布局模式。

**（3）隋唐长安城市设计特点——里坊制**

隋唐长安城完全按一个新城进行营建，由高颍主持，但是基本的设计都是由宇文恺这个副都监来操作的，由于没有旧城和各种条件束缚，营建起点高。为了体现"法天象地、君上大权、天赋神权"的封建统治观念，加大阶级差距，隋唐长安城在单个都城形态上，规模完

11

全超越了前朝的都城。都城面积约 87km² ( 包括唐代新建大明宫、西内苑、东内苑 ),是同期世界上面积最大的都城,体现了都城的地位和"天授君权"这一礼制伦理思想价值的至高无上。

都城呈方正布局,皇宫、皇城、民居三个部分相对分开,界线分明,既安全,又实用,全城以对准宫城、皇城及外郭城正南门的大街为中轴线。为了利于统治者管理,设立里坊制,在外郭城范围内,25 条纵横交错的大街将全城划分为 109 坊和东、西两市 ( 图 1-5 )。这种方格网式的规划,使整个城的平面如同棋盘。坊之四周筑有坊墙,开四门,坊内设十字街,十字街和更小的十字巷将全坊划分为 16 区。坊内实行督察制度,管理严格,每年只有正月十五上元节前后几天可以夜不闭坊门。商业交易活动则被限制于同样呈封闭状态的东、西两市之内,市门也有一定的开闭时间。

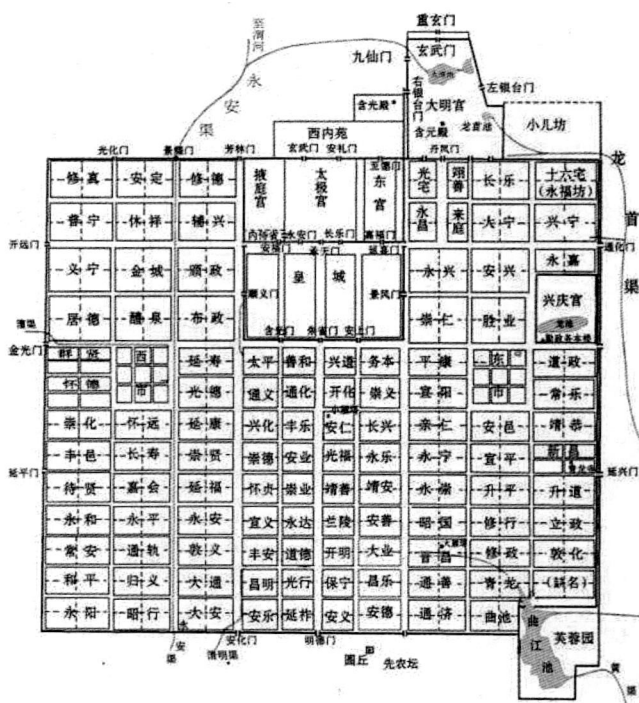

图 1-5　唐长安城平面图

图片来源:庄林德、张京祥:《中国城市发展与建设史》,东南大学出版社,2002,第 59 页

### （4）北宋开封城市设计特点——商业街

开封城的建设可以追溯到周朝时期，由罗城（或称为新城）、内城（或称为旧城）、宫城（或称为大内）组成的三重城墙格局，一直延续至清朝。

北宋时期社会经济高度繁荣，隋唐时期的"市"和里坊制已不能承载发达的手工业和贸易活动。在内城和外城出现了更为开放的厢坊制，"井"字形路网和较密的街巷之间混杂建设了住宅、店铺和作坊，主要的商业区还有运河相连。传世名画《清明上河图》中呈现了当时的桥、河、楼、阁、塔、宫苑等繁盛的城市景观（图 1-6）。北宋开封城的建设和形制，在中国城市营建史上起着承前启后的作用。

图 1-6　清明上河图描绘的北宋繁荣的商业街
图片来源：故宫博物院

### （5）明清北京城市设计特点——皇城特征增强

16、17 世纪间，中国是世界上手工业与经济最繁荣的国家。在此时期，由于经济的繁盛，交通、商业、手工业都得到了空前的发展，覆盖全国的商业网络也基本建立。

明清北京城的营建集中体现了古代的"礼制"观念。永乐四年，明成祖朱棣决定在元大都的基础上，以明南京为蓝本，开始中国历史上现存最宏伟壮观的都城建设。明清北京城很大程度上沿用了元大都的布局模式，但放弃了元大都结合自然水系的规划手法，核心思想是表现"礼制"。

　　明清北京城的营建严格遵守了《周礼·考工记》关于"左祖右社，面朝后市"的规范，其平面大体呈"凸"字形，北侧为内城，南侧为外城，面积为 35.4km$^2$（图 1-7）。道路系统按照功能分为大街、小街、胡同等，有不同宽度和等级，形成有机的网络系统。位于内城的皇城是整个北京城的核心，金碧辉煌的色彩和高大宏伟的体量与四周普通居民灰色平坦的住房形成强烈的反差，城墙内外天、地、日、月、社稷等 9 个皇家祭坛按照礼制格局庄严排列，内城九门，外城七门，皇城四门各有专属功能，封建王权的地位一览无遗。城内有一条长约 7.8km 的南北中轴线。该轴线是皇城中轴与都城中轴的重合，以皇城为核心，南延北伸，贯通全城。

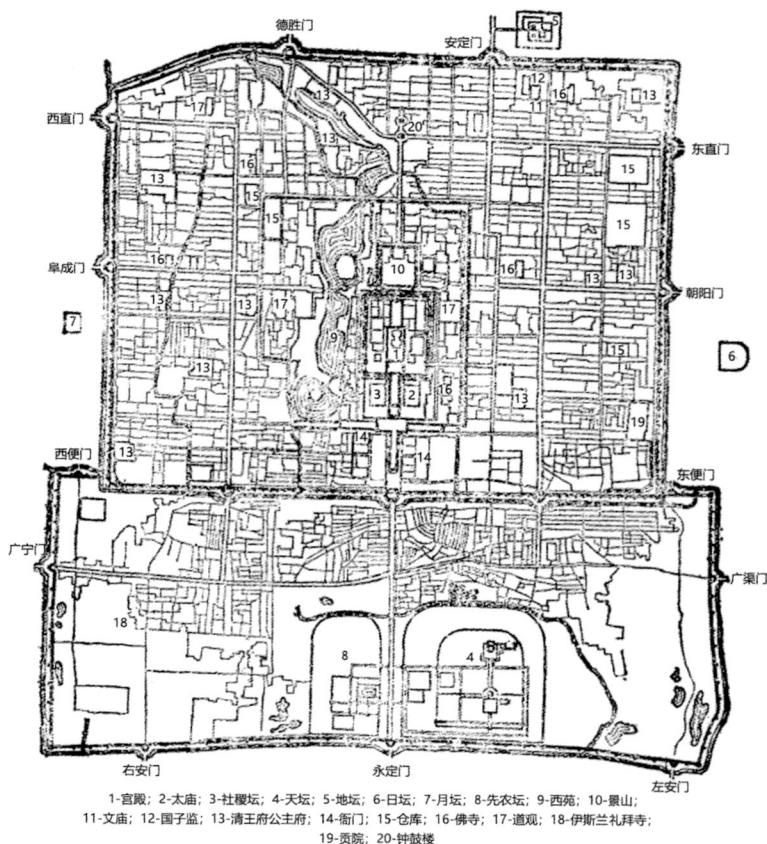

1-宫殿；2-太庙；3-社稷坛；4-天坛；5-地坛；6-日坛；7-月坛；8-先农坛；9-西苑；10-景山；
11-文庙；12-国子监；13-清王府公主府；14-衙门；15-仓库；16-佛寺；17-道观；18-伊斯兰礼拜寺；
19-贡院；20-钟鼓楼

图 1-7　明清北京城平面布局图

图片来源：董鉴泓：《中国城市建筑史》，中国建筑工业出版社，1989，第 104 页

### （6）与清朝同时期的西方城市复兴

近代工业革命之前，在西方，城市设计和城市规划在城市营建和建筑学范畴中几乎是同义词，与不同时期的文化、宗教、哲学和君权思想紧密联系，形成了城市布局、建设形式的基本法则。

希腊文明之前，西方城镇建设大多出自宗教、政治、军事等功能和实用目的。雅典城邦在发展成占地 1 600km² 的自由有机式布局的同时，建设了俯瞰城邦，具有宗教和军事双重作用的雅典卫城。以公元前 491 年希波丹姆在米利都开展的重建规划为标志，网格式城市开始出现，并影响了古罗马军事城镇的布局。中世纪城市发展缓慢，城市建设结合地形条件和空间塑造，改变了原有网格布局的形态，开始出现放射性布局的城市形态。自文艺复兴时期起，城市设计逐步走入科学化的进程，美观和便利逐渐成为理想城市的主要理念。

到了 16 世纪，出现了巴洛克风格的城市设计。巴洛克城市设计在表达绝对君权方面有突出表现，如在城市中强调布局规整对称、空间运动感、序列景观等，适应了当时城市性质和规模的发展，明确的空间轴线、环形放射式的城市道路结构、大尺度的园林绿地、大尺度的广场和建筑空间的处理手法对后世城市设计产生了较大影响，18 世纪实施的巴黎改造设计等案例就与巴洛克风格密切相关。

## 1.2.2 城市规划和城市设计关系的演进

### （1）工业革命后的西方现代城市设计理论形成过程

工业革命后，随着生产力的大幅提升，欧洲资本主义国家城市面临着人口恶性膨胀的巨大变革，这种突发性的发展变革打破了传统的城市发展总体上呈现的渐进模式，使城市问题和矛盾日益显现。以 19 世纪后期英国的《公共卫生法》和霍华德提出"田园城市"为标志，关注解决城市综合问题的现代城市规划从传统建筑设计领域分化出来，并发展壮大。20 世纪 30 年代的《雅典宪章》突出现代城市的四大功能，强调城市设计中的平面形式；20 世纪 70 年代的《马丘比丘宪章》突出城市文化的作用，以《雅典宪章》为基础，增加了城市阶层与文化的力量，从此产生了众多城市空间结构、功能安排和城市系统方面的理论与实践，并运用系统方法、数学方法来分析、模拟城市，理性规划达到巅峰。

## 专栏：田园城市理论

　　英国社会学家霍华德于 1898 年出版了《明日：通向真正改革的和平之路》(再版后更名为《明日的田园城市》) 一书，提出了空间、社会和组织管理三方面的目标，形成"城乡磁体 (town-country magnet)"主张，以弥补工业化阶段城市化的所有缺陷，包括城市空间、社会和政府管理的弊端，建立一种规模有限、土地公有、兼有城市和乡村一切优点和经济自治的田园城市，城市在绿色田野上如同细胞，构成一个围绕中心城市的城市群 (图 1-8)。霍华德不仅提出了"田园城市"的理论模式，还于 1903 年在距离伦敦 56km 的地方，组织建立了第一座田园城市——莱奇沃斯，1920 年又兴建了韦林。霍华德的"田园城市"是城乡结合的产物，对近现代城市规划发展贡献重大。他带有理想主义的城市规划理念、较为完整的理论体系成为现代城市规划思想的启蒙，也促成了后来的城市分散主义和卫星城理论。

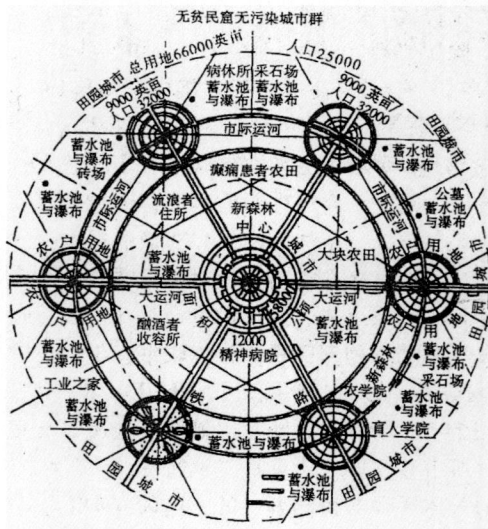

图 1-8　霍华德田园城市图解

图片来源：译自埃比尼泽·霍华德：《明日的田园城市》，金经元译，商务印书馆，2010，第 3，18-19 页

19 世纪美国的"城市美化运动",继续反映了传统物质环境优先的设计理念。但大多数的城市设计实践则开始考虑城市的综合问题,日益关注注重人和社会价值的现代城市设计,其设计指导思想和方法也有了进一步的发展和深化。在此基础上开展的多种城市设计实践,都成功地体现了城市自身的特色,并优化了城市环境,尤其是在居住社区建设、新城建设、旧城更新等领域。

城市设计及相关领域学者提出的理论学说丰富了人们对城市发展理想的认识,并直接支持了城市设计实践活动的开展(表 1-2)。

**西方城市设计的理论与研究**　　　　表 1-2

| 理论与研究方向 | 主要内容 | 时间 | 代表人物 |
| --- | --- | --- | --- |
| 有机疏散 | 将城市活动划分为日常性活动和偶然性活动,对日常活动进行功能性的集中,并对这些集中点进行有机疏散 | 1918 年 | 沙里宁 |
| 城市历史与文化演进研究 | 城市的实质是人类的化身,是改造人类、提高人类的场所。如今城市物质构架和人文内涵均已发生巨变。城市功能和结构也需重新塑造,否则无法继续有效促进它自身更宏伟的目标,包括实现人类内在精神生活与外在物质生活和谐统一,进而逐步实现人类自身的协调统一 | 20 世纪 40 年代 | 芒福德 |
| 城市形态和意象研究 | 城市意象体现为五种要素:道路、边界、节点、区域、标志物。城市中的任何一个要素都不是孤立的,所有要素结合起来提供全面的意象。场所的意义是质量上的整体环境,是功能和视觉形象的叠加 | 1959 年 | 林奇 |
| 人类聚居学 | 对人类居住环境的本质元素进行研究,认为人居环境包括自然、人、社会、建筑和网络五种元素 | 20 世纪 60 年代 | 道萨迪亚斯 |
| 设计结合自然 | 以生态学的观点,从宏观、微观的角度研究自然环境与人的关系。人类社会在不同历史背景下对待自然的态度不同,城市建设应顺应自然规律,适应自然的特性 | 1969 年 | 麦克哈格 |

续表

| 理论与研究方向 | 主要内容 | 时间 | 代表人物 |
|---|---|---|---|
| 设计结构 | 要影响城市的发展，设计者就要有清晰的基本设计结构的概念，以推动城市建造的全过程。城市设计的任务是为城市居民的生活创造一个和谐的环境。设计者需要设身处地地感受和理解设计 | 1976 年 | 培根 |
| 城市形态人文属性研究 | 城市设计作为空间、时间、含义和交往的组织。城市形式的塑造应该依据心理的、行为的、社会文化的及其他类似的准则，应强调有形的、经验的城市设计，而不是二度的理论性规划 | 1977 年 | 拉波波特 |
| 城市整体性发展思路 | 城市整体性的七条法则：渐进的发展、较大整体的发展、构想、正向城市空间、大型建筑物的布置、施工、中心的发展 | 1978 年 | 亚历山大 |

资料来源：作者根据主要参考文献［8］～［15］整理

### （2）城市设计常用的两个理论基础

在转向高质量发展和品质提升的城市发展新阶段，强调人本感知，从人的视角和需求去营造城市形态和公共环境的思维和实践模式，对当前的城市建设尤为关键。无独有偶，东西方学者都在哲学、心理学与物质世界认知、空间营造之间试图建立联系，开展了探究。

①东方世界的意象哲学

我国哲学在处理"言""意""象"之间的关系时，往往将"意"放在首位，即"得意忘言""得意忘象"。先秦道家著作中提出了"道"与"象"的学说，认为文字不足以描述"道"，而应该以更直观的"象"来表达"道"。到了魏晋南北朝，进一步发展为意象理论。这一时期的玄学家王弼将庄子的"得意忘言"引申为"得意忘象"学说，重新梳理了象、言、意三者的关系，他提出了"象""言"作为达意工具的必要性。"得意忘象"说更多是一种新的解经态度和思路，将义理摆在首位，将象数作为工具。[1]后来"得意忘象"被引申到美学领域，

1　张善文：《论王弼＜易＞学的"得意忘象"说》，《中国哲学史》1994 年第 4 期。

依照得意忘象的美学寓意，城市设计应追求城市表现形式背后的内在联系和含义。这与西方产生的格式塔心理学有着异曲同工之妙。

例如天坛的设计，通过巨大的体量来表达"天"的伟大，"圆"和"方"这两个单纯几何形象的运用，暗含着"天圆地方""苍天、尘世"这一立体的多层次的空间形象。坛的高度、坛面的石块、栏板数目均采用一、三、五、七、九这些阳数，以象征"太极"和"九重天"。天坛在营造过程中，运用了多种象征和图示化的手法，成功地表现和阐述了当时的社会秩序，突出"天"的伟大。

②西方世界的格式塔心理学

格式塔心理学也称为完形心理学，于 1912 年诞生于德国，其创始人是韦特海默。格式塔心理学认为物理世界经由人们的心理感知最终形成的知觉场，都依照了一定的组织律，这些组织律包括图形与背景原则、接近性原则、相似性原则、连续性原则、闭合性原则。[1] 它强调经验和行为的整体性，认为整体印象强于单一的视觉感受，完整的现象具有完整性，不单纯是简单的叠加。

依照格式塔心理学的原理，[2] 人在与环境发生关系的时候，总是试图对客观对象中的元素加以组织和秩序化，以此来加深对环境的理解和适应，这种"组织原则"能够让人更准确地把握客观环境中富于特征的要素，从而便于记忆。所以，那些拥有较为明显共同特征要素的景观，能够使人与其较快地建立视觉上的联系，从而轻松、准确地把握整体环境的内在主要特征。依据格式塔的组织原则和连续性，可以更容易地展现环境的空间形象特征。例如明清北京城严格的礼制格局，具有明确边界性的城墙，作为核心标志的紫禁城，匀质肌理上分布的不同节点，这些要素均不是独立的，而且能让人明确地感知城市的整体性。又如广州的城市地标广州塔，与对岸珠江新城上的西塔、东塔形成的三足鼎立整体格局，强化了人们对广州新城市中心和轴线的整体认知。

1 李小娟：《基于认知意象的我国城市色彩规划与控制研究》，天津大学博士论文，2013 年。

2 库尔特·考夫卡：《格式塔心理学原理》，李维译，北京大学出版社，2020，第 4-6，9 页。

**专栏：格式塔理论对《江雪》的解译**

　　唐代诗人柳宗元的五言绝句《江雪》用 20 个字勾勒出一幅幽僻清冷的图景：在大雪纷飞的寒江上，一位披蓑的渔翁独坐一叶小舟上垂钓（图 1-9）。这是一个极具象征意义的意象，即将内在的情感和外在事物的审美形态化作一种直观的形象呈现在诗歌中。同时，我们还能读出老渔翁清高孤傲、顽强坚韧的气质和作者因失意而郁闷的情怀。

图 1-9　《江雪》诗词描绘的情境示意

图片来源：王艳超：《马远艺术风格分析——从马远〈踏歌图〉〈寒江独钓图〉为例谈起》，《文物鉴定与鉴赏》2010 年第 12 期

### （3）如何选择和营造城市的场所

　　场所营造是城市设计的重要内容之一，各个场所不仅是物质性的空间，还包括使其成为场所的所有活动和事件。场所必须有人的活动、人具有创造性的自由参与以及人对自然的理解，才能被赋予场所精神，而这种场所精神是影响人们进行场所选择与营造活动的主要因素。对场所的认知意象分析是城市设计中环境认知研究的核心内容，这种分析往往是建立在"得意忘象"的美学哲学和格式塔心理学理论的基础上的。

　　"意象"原是一个心理学术语，是指凭借经验和价值观对环境因素进行过滤和认知的结果。城市意象形成的过程是人与环境双向作用的结果，即客观世界提供给人一系列的信息，对人产生刺激；人借助自身的能力对所接收到的信息进行加工，对城市中的事物进行选择、组织并赋予其相应的意义。1960 年，凯文·林奇在对城市空间知觉进行调研分析后，出版了《城市意象》一书，该书对实现"人本主义"的城市设计产生了深远的学术影响。

林奇提出人的心理地图包括道路、边界、区域、节点、标志物五种元素，他强调城市中的任何一个要素都不是孤立的，所有要素结合起来提供全面的意象。[1] 区域由节点构成，由边界限定，被路径渗透，地标则以有规律的重叠和穿透散落其间，它们只有共同构成图形时才能提供一个令人满意的形式。因此，"场所"的质量取决于整体的环境，而不是单纯的功能或视觉形象。

林奇从视觉心理和场所的关系出发，研究使用者的心理地图与城市形态的关系，他还阐述了人们如何通过心理地图来确定自己在城市地区的空间位置。通过在美国波士顿、泽西城和洛杉矶这三个城市开展调查实验来解释这一理论，他解释了可意象性的概念，即城市景观的易读性和可见度。人通过识别和组织城市元素，如公共汽车站、一个特定的餐厅、一座建筑物等，在头脑中形成一个易于理解和识别的模式。在寻路（way-finding）的过程中，环境意象起到了关键的联系作用，由此产生个体对外在物质世界的普遍心理图景，这种形象是即时感觉和过去经验记忆的产物，被用来解释信息和指导行动。

### 案例：广州粤剧博物馆

广州粤剧博物馆立足于粤剧发展历程与岭南园林的关系，通过回归传统园林意象深入挖掘粤剧艺术与岭南园林艺术的相通性，从城市文脉上追忆岭南文化精神，从城市历史环境与整体格局层面复兴岭南园林传统。采用传统岭南园林形式，将建筑实体转化为园林空间，与周边环境融为一体（图 1-10）。在采用传统建筑形式的同时，更注重市民的参与性与现代空间的表达。如在主馆部分设计了一条公共通廊延续原有市民通道，使博物馆的步行道路与城市道路无缝衔接，以全开放的姿态融入历史环境之中，成为城市景观的有机组成部分。[2]

1 凯文·林奇：《城市意象》，方益萍、何晓军译，华夏出版社，2019，第 35 页。

2 李晓雪：《基于传统造园技艺的岭南园林保护传承研究》，华南理工大学博士学位论文，2016 年。郭谦、李晓雪：《粤韵园音，气韵相合——粤剧艺术博物馆创作理念》，《南方建筑》2015 年第 5 期。

图 1-10　广州粤剧博物馆实景
图片来源：广州市住房和城乡建设局

### （4）当前城市设计的意义

20 世纪 80—90 年代，后现代主义思想，关注点转向社会公正、人性化的城市以及对城市空间现象的制度与机制成因的探寻，倡导城市规划、设计和建设应转向"以人为中心"，扎根社区，综合城市的多元文化、价值观等因素，更加注重人的体验和人文关怀。

走进新千年，《新城市议程》强调包容性发展、合作与分享的理念；强调城镇化、城市问题的分析对面临当今全球共同挑战的重要性；提出必须要有系统的解决方案和多重力量的融合，从社会、经济和环境这三个可持续发展的基本维度入手，通过政府、企业和社会的合作与互动，以及立法、体制机制以及金融杠杆等，从国家政策到规划设计、规划实施全过程，进行创新与协同。越来越多的城市政府认识到，城市规划和城市设计具有各自的特点和优势，是引导城市高质量发展、高水平治理必不可少的"左右手"。我国不少城市已娴熟地协同运用法定规划和城市设计，营造出城市规划建设管理新亮点。

## 1.2.3　城市设计的定义和内涵

通过前文的回顾，可知城市设计是伴随着人类聚居及城市营建活动而出现的，其定义也自然是多种多样的，不同历史时期、文化背景下，对城市设计有不同的理解，国内外专家和学者从不同的角度对城市设计作出了不同的解释和阐述（表1-3）。

**不同学者对城市设计的不同表述**　　表 1-3

| 学者 | 表述内容 | 时间（年） |
|---|---|---|
| 齐康 | 城市设计是一种思维方式，是一种意义通过图形付诸实施的手段 | 1987 |
| 王建国 | 城市设计主要研究城市空间形态的建构机理和场所营造，是对包括人、自然、社会、文化、空间形态等因素在内的城市人居环境所进行的设计研究、工程实践和实施管理活动 | 2017 |
| 塞尔达 | 建筑物的布局及其相互之间的关系与连接 | 1867 |
| 巴奈特 | 城市设计是一种真实生活的问题 | 1974 |
| 林奇 | 城市设计的关键在于如何从空间安排上保证城市各种活动的交织 | 1981 |
| 唐纳德·沃森 | 城市设计实质上是一种道德上的努力，它受到公共艺术和建筑学视角的启发，也因工程学科而得以具体化 | 2003 |
| 福里克 | 城市设计涉及建成环境及其空间组织的维度 | 2011 |

资料来源：根据王建国：《从理性规划的视角看城市设计发展的四代范型》，《城市规划》2018年第1期整理

2017年我国颁布实施的《城市设计管理办法》提出"城市设计是落实城市规划、指导建筑设计、塑造城市特色风貌的有效手段，贯穿于城市规划建设管理全过程"。简单地说，城市设计就是把握城市中人与公共空间的关系，塑造合理且适宜的公共空间来满足人的需求，并对公共空间中的各项要素（公共利益和公共需求）进行设计。城市设计关注比例、尺度、色彩等美学基础元素，旨在营造适宜的城市密度、建设强度、人文厚度和场所温度，统筹经济、社会、文化和空间，激发城市活力（产业活力、空间活力、市民活力等），提升城市品质，营造良好的城市体验和感受。

基于以上概念，城市设计的内涵至少包含以下三方面内容：

**（1）城市设计是通过控制和协调城市形态、空间环境，处理好城市与自然的关系**

城市的本质决定了城市从出现开始就需要设计，需要构建明显的结构和秩序，这与乡村的发展过程形成了鲜明的对比。乡村的发展带有明显的自发性，与地形及农耕这一特定的产业形式相关联，乡村由村民以独立与自助精神自发建设而成，发展方向和基本秩序是通过地域原型建立的。乡村的发展往往呈现一种缺乏规划、自下而上的相对缓慢、自发的状态。城市中，人口稠密、功能混杂，自然、社会、经济和人的关系无法自发达到和谐的平衡状态，因此需要通过空间组织布局，贯穿不同范围和标准，形成有质量的公共空间。

**（2）城市设计不仅对实体空间（包括自然环境和人工环境）进行设计，而且也对与之相关联的历史、文化、社会等看不见的虚体空间进行设计**

城市设计离不开对历史文脉、美学艺术、心理行为等层面的考虑，除此之外还要从城市演进、传承和发展（城市历史、现在与未来）的时间维度上考虑人与空间的关系。法国学者平彻梅尔就曾经说过，"城市现象是一个很难定义的现实：城市既是一种景观，一片经济空间，一种人口密度，也是一个生活中心和劳动中心；更具体地说，也可能是一种特征或一个灵魂"，"城市如同语言，是人类最伟大的艺术品"。这意味着城市不仅仅是人类居住休憩、生产生活以及进行娱乐活动的场所，更是保存文化、传承文化和创造文化的空间载体。

**（3）城市设计的核心是人，是从人的感受出发做设计**

城市承载的功能和建设需求是快速变化的，城市设计的重点与原则也应同步发展。城市设计的关键是处理好人与空间的关系，要摒弃"见物不见人""重物轻人"的思想观念，注重人的视角、人的感知、人的体验、人的健康。

从远古时代开始，农耕与游牧生产生活方式从独自发展到碰撞融合，孕育并发展出多彩的文化根基。近代之前，我国的乡村人口占绝对优势，由此决定了文化的内生动力和源泉来自乡村。乡村文化存在两大特点：皇权不下县和人口密度低。一方面，"皇权不下县"解除了乡村文化发展的束缚，乡村地区较少受到封建统治阶层的束缚和干预，在衣食自理中逐渐形成了文化稳态；另一方面，地广人稀的人口分布为多元文化提供了空间，如秦朝时，国土面积为 340 万 $km^2$，人口规模为 2 500 万~3 000 万人，人口密度仅有 8.8 人 /$km^2$，当时的地方文化个性鲜明，界限清晰。

近代以来，伴随着技术革命和商品经济的发展，全球人口不断地向城市集聚。我国 20 世纪 90 年代以来进入快速城市化阶段，2010 年中国城市人口与乡村人口持平，乡村失去了占领文化高地的关键因素（人口）。预计到 21 世纪中叶，城乡人口比例将超过 2：1，人口的转移引导文化载体的转移，城市已成为文化的主要载体。

# 1.3 当前城市特色危机的几种表现形式

我国城市建设在取得重大成就和飞速发展的同时，也存在由忽视城市设计的基本理念、淡忘了古而有之的城市营造基本规则所带来的不少问题，面临着不同程度的文化特色危机。如片面追求城市的经济效益或片面地追求视觉冲击力，而遗弃了作为城市发展核心的传统文脉，忽视了城市中生产、生活的主体——"人"的使用感受，从而偏离了塑造美好空间环境的基本出发点。

## 1.3.1 在高速发展过程中过分粗暴建设

### （1）以经济增长为本破坏生态系统

自然环境是决定城市起源与发展的基石，也是城市肌理重要的组成要素。每个城市所处的自然环境是各不相同的，换句话说，我们很难找到两个自然环境完全相同的城市。但是，在过去的一段时间里，一些规划师或城市设计师在研究城市的时候，忽略了地形、地貌、日照、气温、风向、降雨等重要因素，将基地当成白纸，形成了许多不接地气、不符规则的城市空间。例如设计建筑布局时忽略了当地的气候条件、通风与采光需求；设计轴线时无视地貌地形，随心所欲地破坏原有肌理等。这些做法严重地破坏了城市生态系统，直接导致空间舒适性及城市品质下降，更加严重的是，人感受不到场所与自然的关联，出现建成区与自然割裂的情况，导致望不见山、看不见水。

**专栏：经济利益驱动下的高强度开发模式严重破坏城市生态系统**

快速城市化的进程下，为了追求更高的经济利益，往往采取高强度、高密度的开发模式（图 1-11）。高强度、高密度的开发模式给生态系统带来了不可逆转的消极影响。开发密度、强度与速度远远超过自然与土地的可承载力，由此导致城市环境问题频发。如雾霾天空气质量差、山体被破坏引发泥石流、江河湖泊等景观水系被破坏、地下水资源污染等情况日益严重。自然灾害频发，维持生态平衡举步维艰，绿地大幅缩减，从而导致城市热岛效应加剧，人的行为活动受限，城市宜居性下降。

图 1-11　高密度的城市开发建设

### （2）以建设速度为本割裂城市历史文脉

随着现代城市新区的崛起，许多老城区日益衰败，满足人们需求的城市更新便成为众望所归的理想。然而，许多城市却没有权衡好建设与更新的关系，没有分清楚什么需要保护，什么需要拆除新建，建设重心一味偏向于新建，出现了大量非必要性拆除。而城市建设中若是将那些具有历史价值的建筑与历史风貌区拆除，则会导致许多有保留价值的设施、古木、风貌等随着历史建筑的消失而化为乌有，严重破坏老城区的传承与文化沉淀。这些简单粗暴的城市更新行为，恣意蚕食、侵占、破坏和拆毁历史城区与建筑，将给城市造成巨大创伤和留下历史遗憾。

**专栏：现代化建筑严重破坏原有旧城肌理与风貌**

广州市上下九荔湾广场是 20 世纪 90 年代建成的现代建筑，坐落于广州历史上的老西关地区，所在地拥有 1 000 多年的历史，是广州市传统城市格局和商贸市井生活的集中保留地和展示区。荔湾广场是当时的旧改项目，占地 4.5hm²，拆除了沿街骑楼、大面积的历史街区，建成占地宽约 100m、长约 300m 的商住综合体，项目容积率高达 6.9。荔湾广场把与地域文化毫无关联的现代化建筑直接塞进原本充满当地风土人情的空间中，与两旁的骑楼街及旧式大屋不协调，破坏了原有致密有序的空间肌理和西关老城区的整体风貌（图 1-12）。

图 1-12　荔湾广场与周边环境
图片来源：广州市城市建设档案馆

## 1.3.2　在追求城市效率中丢失文化特点

随着城市化进程的加快，城市建设一味追求效率，在过于标准化的设计模式下，"千城一面"的城市风貌问题日益严重。城市的地域特征和特色风貌逐渐淡化，城市个性和可识别性正在消失。高速信息网络的普及促使信息快速传播，城市设计忽视城市之间的差异与多样性，变得粗暴而简单，致使城市风貌雷同。而且重复使用"三步一楼、五步一街"的空间构成，使得城市空间呈现极强的相似性与同质性。城市显得格外单调，毫无生气，整体展现的是一种模式化的流水线城市印象，平庸又无趣，人们走在城市之中无法辨别"南北方""东中西"的具体差异。

外来文化的涌入也对一些城市文化特色的传承造成了冲击。随着全球化的飞速发展，世界上各个国家和地区的文化彼此融入、彼此竞争，从而发生演变。在城市建设和城市设计方面，这种现象也十分普遍。我国一些地区未能很好地凸显自身的文化特色，盲目向西方看齐，导致这些城市内分布着大大小小西化风格的街道、广场、公园、建筑，完全看不出地方与传统的文化痕迹（图1-13）。这种现象更多地反映了当代国人对于自身文化的不自信，缺乏文化传统认同感和自豪感。

同时，设计师过于强调图案的模仿与美化，缺少与当地空间使用相适应的城市设计。而且，许多城市设计仅仅浮于对表面形式的生搬硬套与抄袭，而未深入思考所参考的形式，对当地来讲是否突兀，是

图1-13  东西南北都有盲目模仿国外地标的公共建筑

否能满足所在城市、区域、历史和环境的需求。这类盲目跟风、强行植入的方式，彻底抛弃了地域历史特征因素，不仅是对本土文化的一种亵渎，也是民族自信匮乏的表现。

### 1.3.3　在城市规模快速增长中忽略人的尺度

#### （1）过分追求大尺度、地标性、视觉冲击

快速城市化时期，一些地方为了凸显政绩，在城市设计上过分追求更大、更新、更西化。例如，热衷于建设超尺度的广场、摩天高楼。超尺度城市空间设计具有一定的视觉冲击力和地标性效果，但也存在诸多弊端。例如某县城景观大道的设计规模远远超出了功能需求，犹如制造了一个毫无生气的空壳，气派有余，但无人问津。景观大道造成城市土地与空间的巨大浪费，同时对人的活动、通行和交往需求考虑不足，进一步削弱了城市的活力（图1-14～图1-17）。

图1-14　规模巨大的村镇级商务中心

图1-15　机械布局的农村住宅区

图1-16　规模巨大的城市商务中心

图1-17　空旷冷清的县城中的宽马路

　　城市建设和城市设计过分强调平面图案化，将图面的视觉效果放在城市设计及空间营造的最高位置，忽略人的行为要素，忘记公共空间的本质功能，公共空间人性化、精细化不足，打造了大量华而不实的空间。

### （2）偏离大众审美标准的奇怪建筑

　　城市建设与发展是一个不断变化的过程，好的城市经历了岁月的洗礼与沉淀，形成了具有特色的城市环境。但如今城市中却出现了大量"割裂式"的建筑，这些建筑体量巨大、形态怪异，绝大多数都标榜激进与高技术、打破格局，冠以"城市地标"等称号，标新立异，成为当今社会盲目追求经济物质价值的缩影。就设计本身而言，建筑不断追求造型与技术上的突破，这种做法值得认可。然而一旦放在具体城市环境中，建筑过于追求标新立异，醉心于视觉冲击力，则偏离了大众的审美标准以及人的实际使用功能需求。

**专栏：过分追求形式的象形建筑**

　　城市建设过程中，出现过多种象形建筑，这些象形建筑以标识性的外观吸引公众的关注，并借此推广自身品牌。然而，这些建筑过于追求外在形象，却忽略了人的实际审美标准，往往也忽略了人的使用功能需求，实际上引起了景观上的视觉污染和广泛的争议（图1-18、图1-19）。

图1-18　华北某旅游区的具象建筑

图1-19　某市酒店建筑

# 1.4 新时期城市设计的作用和任务

　　新时期城市设计工作的基本任务在于破解快速城市化进程中造成城市特色风貌危机的种种问题，从根本上扭转城市设计水平不高和得不到有效实施的局面。在城市设计探索实践中，要进一步发挥好城市设计在传承城市文脉、促进城市生产和自然生态空间融合、营造人本健康活力生活场所等方面的积极导控作用，并构建城市设计—建设管理—持续更新维护等链条的联动机制，以满足人民群众不断增长的对城市更美丽、更有温度、更有底蕴的需求。

## 1.4.1 融合文化与设计，彰显城市风貌特色

　　城市文化的主要载体是城市空间环境。塑造鲜明的城市文化，可以将城市内在的、古老漫长的历史与浓厚丰富的文化通过良好的城市形态、美丽的山水格局、惬意舒适的街巷空间、地域性的建筑特色直观地显现出来，同时体现这个城市的文化底蕴。

　　城市设计主要的服务对象是城市空间环境。运用城市设计，将地域性文化落实到城市空间层面，提升人们的生活格调，塑造优越的城市品质与鲜明的城市特色。好的城市设计不仅可以传承文化与历史，还能建立城市文化自信，追求更高的城市理想。

　　从而看出，城市文化与城市设计相辅相成、共同缔造城市。城市文化融入与指导城市设计，将地域性特色与城市功能联系起来，使人可以从城市不同大小的空间中，体会到历史的丰富内涵，创造出独具风土人情的、与众不同的城市；城市设计则要体现和创造城市文化，发掘城市文化背后隐藏的历史资源，把人的各项活动和隐于城市中的历史故事有机结合，并加以巧妙利用，从而提高城市设计的品位和地域特色。

与此同时，在城市的发展中，文化与设计不可脱离。若城市设计缺乏城市文化的依托，势必会出现内在空泛、无实质性差异的"千城一面"现象；若是一味追求城市文化，不考虑实际发展的现实需求，则可能使城市陷入因循守旧、脱离现实的困境，城市中的活动无法满足现实的需求。因此城市文化与城市设计缺一不可，共同引领城市走上未来可持续发展的道路。

## 1.4.2　处理好人与自然的和谐关系，促进绿色发展

当前我国城市进入高质量发展阶段，走绿色发展的建设之路是历史的必然选择。绿色发展理念成为城乡建设的指导思想和基本原则，应当渗透到城乡建设的方方面面。绿色发展理念是新时代城市文化的核心内容，城市文化导向的城市设计就应当体现和反映绿色发展理念。基于绿色发展理念的城市设计既是建设美丽城镇、美丽中国的要求，也是推进绿色文明建设的体现。

### （1）要处理好人与自然的和谐关系，坚持尊重自然、顺应历史、保护自然的理念

建设城市的过程中要意识到自然保护与城市发展经济之间存在一定的矛盾，不能以破坏环境为代价来发展城市。即便当前我国在技术层面已经达到极高的水平，但仍然要坚持顺应自然、尊重自然、保护自然，坚持"天人合一"的有机发展理念。

### （2）以自然为基础，保持地域特色和民俗文化

人与历史和谐表现在城市建设过程中注重传承与发展的同步性。一方面，不对旧区大拆大建，旧区更新设计遵循历史保护理念，保持城市原有风貌与文脉，保留城市独有特色，同时城市设计过程中又可以加入新时代的技术，提升旧区空间品质，让城市老城区"赶不走旧人"又"留得住新人"，达到新旧和谐。另一方面，城市中的新区建设也要遵循历史文化，扩大传统文化的影响力，有机结合新旧城市形

态，让旧城原有的文脉以新的方式得以保存，不仅可以实现人与历史的和谐，还可以进一步提升地域性魅力，孕育城市独特的文化底蕴。

### 1.4.3  关注人的需求，以人为本发展

人与人的和谐表现在城市建设过程中要注重城市中不同人群的差异性需求与不同活动的空间需求。城市设计离不开人，要"以人民为中心"，满足人们对美好环境、美好生活日益增长的需求；要关注各种人群的需求，注重提高城市生活质量，如合理安排配套设施，使人们的出行安全便利；要在空间中找到归属感与满足感，形成有理想、有目标、有追求的文化精神；要传承文化的精髓，结合新时代、新环境，提升新的人文文化。

在具体的城市设计工作中，需要统筹考虑好城市与自然环境、城市与历史文化、城市与人的关系，在吸收古代城市设计精髓、结合新时期设计要求的同时，充分发挥设计师的创作力，提升城市设计水平。

作为提升城市品质的必要条件，高水平的城市设计同时需要强有力的保障来落实，通过构建城市设计—建设管理—持续更新维护等链条的联动机制，加强城市设计的传导，充分发挥城市设计在城市特色挖掘、重点地区塑造等方面的作用。

# 02

## 城市与自然环境共生

● 早期城市的形成和所处的地理环境关系密切。城市地理环境包括城市所处位置以及周边的地形地貌、水文条件、气候气象、各类资源分布的状况等。而城市并非"空中楼阁"，必定与地表上各类地理特征和自然地理因素产生联系，因此地理环境也成为影响城市空间形态的重要因素。

● 城市所处的自然条件特色是形成城市空间特色的主要因素之一。城市与河流、湖泊、海岸、港湾、山脉、高地、森林、植被等特殊地形、地貌结合，形成独特的城市景观。不同的自然和地域条件产生不同的建筑形式和组群形态，形成各自的空间特征。

● 城市设计的重要前提之一，就是选取适应于城市山水特征的城市空间布局形式，将自然生态和山水资源作为城市建设中重要的财富进行保护和利用。同时，还需要将周边的地形地貌、山水景观以及其他自然环境资源作为城市的重要组成部分，构建城市的个性风格与环境特点。

# 2.1　中国自然环境的特征

　　我国地域辽阔，造成了全国城市的自然条件存在巨大的差异，主要体现在地貌、水系、气候等方面，高山峻岭、丘陵缓坡、广袤原野、曲折海岸、众多岛屿、戈壁沙漠并存。同时，我国的水网系统十分发达，比如长江流域、黄河流域、珠江流域等。多样化的地域自然环境特点，是我国丰富的城市形态特色的源泉。我国东部沿海地区城市规模大且分布密集，而西部内陆地区城市规模小且分布松散；温暖湿润地区城镇多，而寒冷干燥地区城镇少，在高海拔极地、戈壁沙漠、洪水泛滥、地震频发等自然条件恶劣的地区甚至无法形成城市。不同的自然条件组合与相互作用，为城市形成各类特色带来可能性——如山地城市可以从山顶俯视城市全貌与景色，平原城市则无法企及；西部沙漠城市使用的生土构筑的大量房屋、封闭的庭院设计，也是南方城市所没有的。因而，无论是城市布局或居住组团、步行街道，都与所处的地形地貌、水文气候、植被土壤等自然条件息息相关。

## 2.1.1　胡焕庸笔下的东西差异

　　由于我国地缘辽阔，东西气候特征的差异明显，东部主要为季风性气候，西部为大陆性气候和高原山地气候，这形成了我国东西部人口密度、城市特征与城市文化的巨大差异。

### （1）胡焕庸线的概念

　　1935 年我国地理学家胡焕庸在其论文《论中国人口之分布》中提出的"胡焕庸线"可以明显地划分我国地区间的差异。"胡焕庸线"是指北起黑龙江瑷珲（今黑河）、南至云南腾冲的我国人口密度的对比线。这条直线与 400mm 等降水量线、地貌区域分割线、文化转换的分割线基本重合，把全国分为东南与西北两部（图 2-1）：1935 年文章发表时，东南部面积约占全国总面积的 36%，人口约占全国总人口的 96%；西北部面积约占全国总面积的 64%，但人口仅占全国总人口之 4%。[1]"胡焕庸线"的形成充分显示了自然条件对城市的影响。

1 胡焕庸：《论中国人口之分布——附统计表与密度图》，《地理学报》1935 年第 2 期。

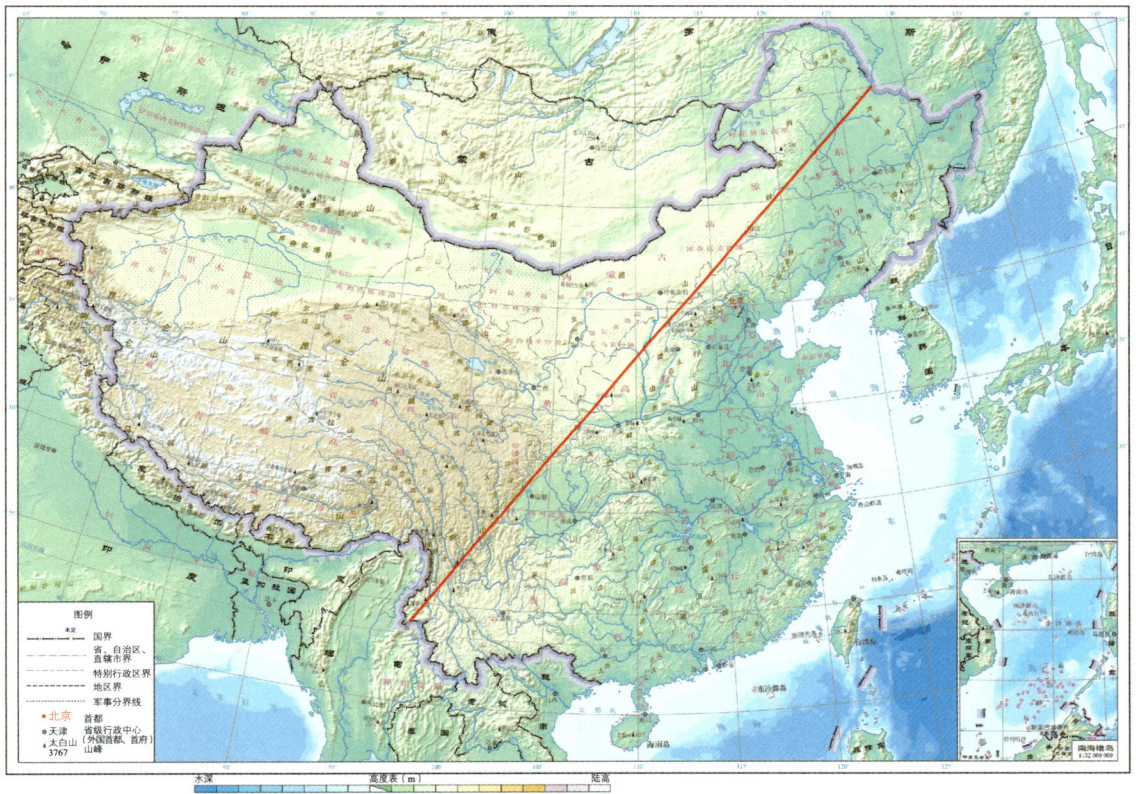

胡焕庸线

图 2-1 "胡焕庸线"示意图

## 专栏：中国城市人口密度差异

　　珠江三角洲成为中国人口最稠密的城镇群，2015 年广东省人口密度为 604 人 /km²，是全国人口密度的 4 倍。而"十二五"期间珠三角地区人口密度从 1 026 人 /km² 升至 1 073 人 /km²，其主要城市的人口不断快速增长，广州、佛山、东莞、中山等 4 市的人口密度持续高于北京和天津（图 2-2），而深圳（常住人口 1 137.89 万人，面积 1 996.85km²，人口密度 5 698 人/km²）则已超过了上海（常住人口 2 415.27 万人，面积 6 430km²，人口密度 3 756 人 /km²），成为全国人口密度最高的超大城市（图 2-3）。而在西部少数民族地区，作为省会、首府的西宁市和拉萨市，同样按市域总常住人口和面积计算，人口密度分别为 22 人 /km² 和 302 人 /km²，远小于东部人口稠密的城市。

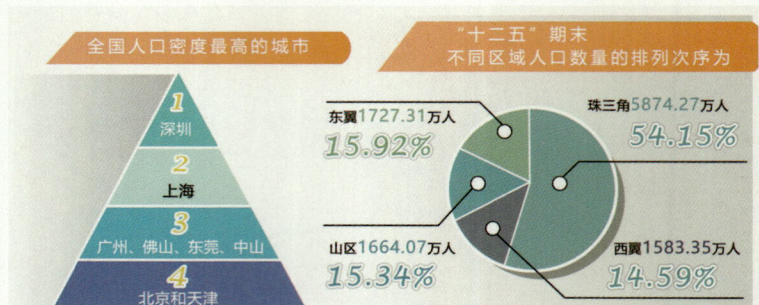

图 2-2 "十二五"期末广东人口密度及与三大直辖市对比
图片来源：广东省"十二五"人口状况报告

图 2-3 假日的深圳公共海滩
图片来源：香港商报，http://www.hkcd.com/content/2016-08/12/content_1012230.html

## （2）东部城市注重蓄洪排涝

胡焕庸线东部处于温带和亚热带季风气候带，春、夏两季海洋季风带来充沛降雨，地形以平原和丘陵为主，水网密布，喀斯特地貌与丹霞地貌分布较多，适宜的气候环境与土地条件孕育出高度发达的农耕经济，形成浓厚的农耕文化。影响城市规模与选址的因素较多，其中土地资源为主导因素。并且因水网丰富，早期城市大多依水而建，以水路为主要交通形式。城市饮用水资源丰沛，部分城市缺水原因主要为水质性缺水。城市注重蓄洪排涝，通过天然或人工河网、渠道，还有调蓄湖泊形成排水系统，这成为东部城市建设布局的鲜明特征。

**案例：东部城市的排水体系**

自宋代起，广州城就一直围护着6条从北部山脉穿城而过，流入广阔珠江干流的人工渠道。兼备排水、防洪、防火、通航功能的重要渠道，成为传颂至今的"六脉渠"（图2-4）。而当代上海，全市6 000多km²的土地上，遍布着43 424条（段）河道，长28 811.44km，骨干和次干河道481条，长度超过5 500km。

图2-4 广州六脉渠图

图片来源：《图说城市文脉——广州古今地图集》

## （3）西部城市谋求蓄水

胡焕庸线西部城市多处于大陆性气候地区，降水少，蒸发量大，生态脆弱，以草原、沙漠和雪域高原为主，自古是游牧民族的天下，地广人稀。因水资源匮乏，城市规模与选址多受制于水源，生活、生产用水和景观用水的保存、蓄积成为城市生命线工程的重要组成部分。

**案例：新疆坎儿井**

坎儿井与万里长城、京杭大运河并称为中国古代三大工程，古称"井渠"，是干旱地区取用地下水的一种渠道，同时也是当地特有的灌溉系统，主要分布在新疆东部的吐鲁番地区、哈密地区。"坎儿"在维吾尔语中是"井穴"的意思，坎儿井是一种维系绿洲生存的特殊灌溉系统，由竖井、地下暗渠、地面明渠、涝坝四个部分组成。把地层中的潜流沿着挖成的暗渠引至地面，再由明渠引入农田或涝坝（图2-5）。坎儿井具有自流灌溉、水量稳定、蒸发损失少、不易被风沙掩埋等优点。

图2-5　新疆坎儿井

**案例：嘉峪关市蓄水工程**

位于万里长城西起点，在戈壁滩上建设的嘉峪关市，通过生态景观整治工程手段，拓宽并留住了发源于祁连山脉冰川的讨赖河水面，改善了城市景观和小气候环境。从卫星图片可以看出，河道的天然断面狭窄，流量不高，需要通过坝体建设蓄留水面（图2-6）。

图 2-6　嘉峪关市讨赖河景观整治工程卫星图片及实景
图片来源：http://jyg.gov.cn/zjjyg

### 2.1.2　中国南北城市的差异

　　中国的南北差异主要表现在胡焕庸线以东地区的南北差异。秦岭和淮河（秦淮线）是中国东部地区的南北地理分界线，秦淮线南北的气候条件、地理特征以及人们的生产生活方式存在明显的差异，从而形成了我国南北城市的差异。

#### （1）南北城市的四个区域

　　我国南北纵贯寒、温、热三带，存在显著的气候差异。同时，江河流域作为地球生态系统的最基本组成部分，孕育了人类的历史和文化。我国城市营建在源远流长的自然和社会文化积淀中演进发展，形成了松嫩流域、黄河流域、长江流域、珠江流域等四大特征分明的南北城市区域。

#### （2）珠江流域与长江流域城市特征

　　南方城市多居于山川之间，城市规模小，街巷与建筑体量小；因阳光充足，建筑对日照要求不高，城市建筑密度大；为了适应潮湿多雨的气候，多采用坡屋顶；河网和狭窄的道路共同交织形成独特的城市肌理（图 2-7～图 2-9）。

　　南方气候温暖，降水充足，适于农耕生产，经济商贸地位重于政

图 2-7　南方天井与街巷（左：广州民居及其天窗；右：南京老城街巷）

图 2-8　佛山市东华里俯瞰

图片来源：http://www.foshannews.net/webapp/gf/mlfs/201412/t20141208_5477520.html

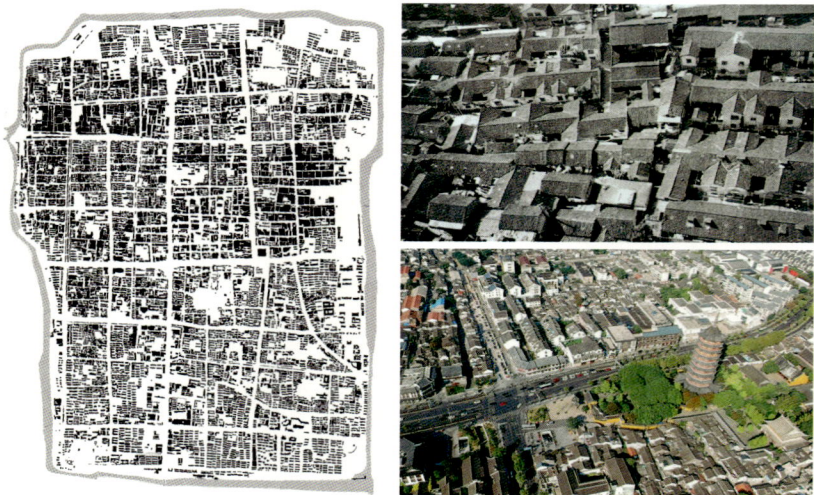

图 2-9　苏州古城城市肌理和传统建筑群落

图片来源：陈硕：《基于城市肌理的苏州古城区空间形态演变研究》，苏州大学硕士学位论文，
2015 年

治地位。传统商贸城市以水为媒，如长江流域的上海、南京、武汉、成都、重庆和珠江流域的广州等城市，与沿海地区共同建构了 T 形城市带布局架构。此外，水网地区一般以水运为主，房屋沿岸而建，若城镇规模较小，则其空间形态沿河道呈带状，当城镇规模逐渐扩大，则在河道交叉处形成十字形或井字形块状。

### （3）黄河流域及东北地区城市

黄河流域和东北地区，随着纬度的上升和气温的下降，充分吸收日照采光成为城市布局和建筑形式的出发点，因而道路开阔，建筑以南北朝向居多，建筑间距也得到充分预留。北方城市多居于平原，以南北朝向为主，自由布局，城市体量大、街巷尺度大、建筑规模大；城市形态力求方正规则，多为长方形，路宽平直，常以十字形或丁字形布局，城市的中心常设鼓楼、钟楼，从明清时期的西安可以看到这些特点（图 2-10～图 2-12）。明西安的面积与唐长安皇城废址的面积相当，城内十字街以钟楼为中心，四面通向城门，城门外又各有关城一座，这种布局在北方城市、县城中具有代表性。

图 2-11　长春市文化广场鸟瞰

图 2-10　西安中轴线鸟瞰

图 2-12　郑州市郑东新区

图片来源：郑东新区管委会 http://www.zhengdong.
gov.cn/sitesources/zhengdong/page_pc/qq/index.html

# 2.2　依环境特征建构城市格局

中华文化中崇尚和敬畏自然的生态观源远流长，《周易》中"润万物者，莫润于水"和"终万物者始万物者，莫盛于山"等记载就已体现了在日常生活中对自然山水重要性的认识，这也奠定了自古以来自然山水审美和城市形态构建的思想基础。以老子和庄子为代表的道家思想，主要通过"道"来解释与探究世界、指导与规范生活，如"人法地，地法天，天法道，道法自然""为而不恃，长而不宰"的人与自然和谐相处的理念，以及"齐同万物"的物我统一观。这些观念使得中国城市建设表现出人与自然万物相和谐、相亲和的传统风貌。

> **专栏："天人合一"的思想**
>
> "天人合一"的思想是中国古代哲学中关于人与自然关系的一种观点，认为人与自然关系紧密，不可分割。"天人合一"的思想从西周时期的天命论演化而来，到了战国时期，孟子和庄子分别从不同的角度阐释和发展了这种观点——孟子认为"天"是决定世界万物不可违抗的力量，人必须遵循并调整自己的心性以更好地认知自然；庄子则认为"人与天一也"，"有人，天也；有天，亦天也"即天是自然，人是其中一部分，因此天与人是一体的，并且反对人为，主张"无以人灭天"。
>
> 直至汉代，董仲舒明确提出了"天人之际，合而为一"，发展至宋代，"天人合一"的观点逐渐占据我国古代哲学思想的主导地位，几乎得到各派哲学家的认同。当时哲学家们主要研究世界统一性、主体与客体的关系、自然与社会的关系等问题，以"天人合一"的观点支撑他们对上述问题的看法，是当时较为便捷的认识人与自然关系的形式。

生态观在我国城市建设历程中不断传承迭代，实现了从传统朴素到现代系统的演进。在城市建设发展转入提质增效的新阶段，应更好地发挥城市设计的作用，对从微观环境到整体空间格局的全过程开展新的"天人合一"实践，建成生态韧性、可持续发展的现代城市。

## 2.2.1　顺应自然开展城市设计的原则与方法

城市中的自然、社会、经济三个子系统相辅相成、密不可分。若将城市比作人体，那么城市的自然环境与各类物质组成部分是城市赖以生存的"骨架"，城市中各个部门的经济活动及其代谢过程是城市"遍布全身的血管与经脉"，而城市内人们的各类文化观念、社会行为则是城市发展与进化的"心脏"。以生态环境为导向的整体规划设计须将三者兼而顾之，不能偏废一方，既要遵循三要素原则，又要遵循复合系统原则。

首先，注重以人为本，根据人们合理的物质和精神文化需求，营造自由、平等、稳定的社会环境。其次，注重自然生态保护，在自然环境承载力所允许的范围内合理开发建设，尽量减少对自然环境的消极影响，做到可持续发展。同时，以规划设计为手段，将自然、社会、经济三个子系统有机结合，以提升整体效益，实现自然、社会、经济综合永续发展。

自古以来，我国城市的选址受自然条件的影响较大，因此在城市的选址和营造中积累了大量的经验。在城市的选址过程中需要考虑诸如居住、农耕、防卫、交通、水源等多方面因素。具体的自然条件主要包括地形地貌、河流水系等。就地形地貌而言，古代城市的选址讲求因地制宜，早在《周礼·考工记》中就提出了"因天时、就地利，故道路不必中准绳，城郭不必中规矩"的城市营造思想。

自然条件对营造城市空间形态起着重要的推动作用。城市空间形态是其外在形象、内在意向与特色风貌的综合体现，包括城市各类空间、场所和市民日常接触到的各种城市实体。形成于山地的城市，其街道、建筑、城市天际线都随地形起伏迥异于平原城市，同时也为城市提供了变化多样的视线组织，可以从广度、深度以及各类层次上组织不同的近景、远景和全景。依托水网建立的城市，在其街道走向、建筑布局等方面与干旱地区有着明显的差异，丰富的水网、密布的河流为城市的空间形态带来了灵动性与富有变化的空间特色。一方水土养育一方人，城市空间形象随山起伏变化，因水舒展延伸，在特殊的自然山水环境中，孕育出特有的城市地域文化。

对于城市格局的具体设计而言，自然条件中两大要素就是气候与地貌。开展城市设计时，应该充分尊重、顺应、利用好自然形成的各种气候与地貌组合，塑造丰富多彩的城市形态。

总体而言，我国城市的气候与地貌组合，可以大致分为北方平原城市、南方山川城市、西部地广人稀城市等大类。

### （1）北方平原城市的设计视角

北方气候较为寒冷，处于中纬度或中高纬度带。自古以来，从保暖、节能和健康等基本需求出发，"坐北朝南、享受冬日暖阳"是北方城市设计的基本出发点。同时，由于平原地区的自然条件差异较小，减少了城市发展的制约因素，因此城市可以根据自身发展需求同时向多个方向扩张。

平原城市的空间格局，最自然的发展形态是采取棋盘式，其建设用地条件相似度较高，道路分布类似于棋盘的方格网，相应的功能区块布置其中，布局较为均匀。在平原城市规划设计中，需要重点关注不能建设的区域，从城市结构和生态环境改善的角度出发，在城市边缘区域、边角用地布置一批生态绿地与城区廊道相嵌合，并进行有效控制，可防止城市过度"摊大饼"式地蔓延，实现"金角银边"的功能。在此基础上，可将极核—轴线作为平原城市积聚发展、提升城市能级的设计手段。

例如，北方城市沈阳利用辽河平原的自然山水特征，构建出"树成林、路成网、田成格"的北国大地风光。沈阳同时大力挖掘历史名城文化底蕴，充分展示辽文化、清文化、民国文化、工业文化和红色文化特色（图2-13）。沈阳还加强对历史建筑和工业文化遗存建筑的合理利用和保护，植入适应城市发展需要的新产业、新功能。

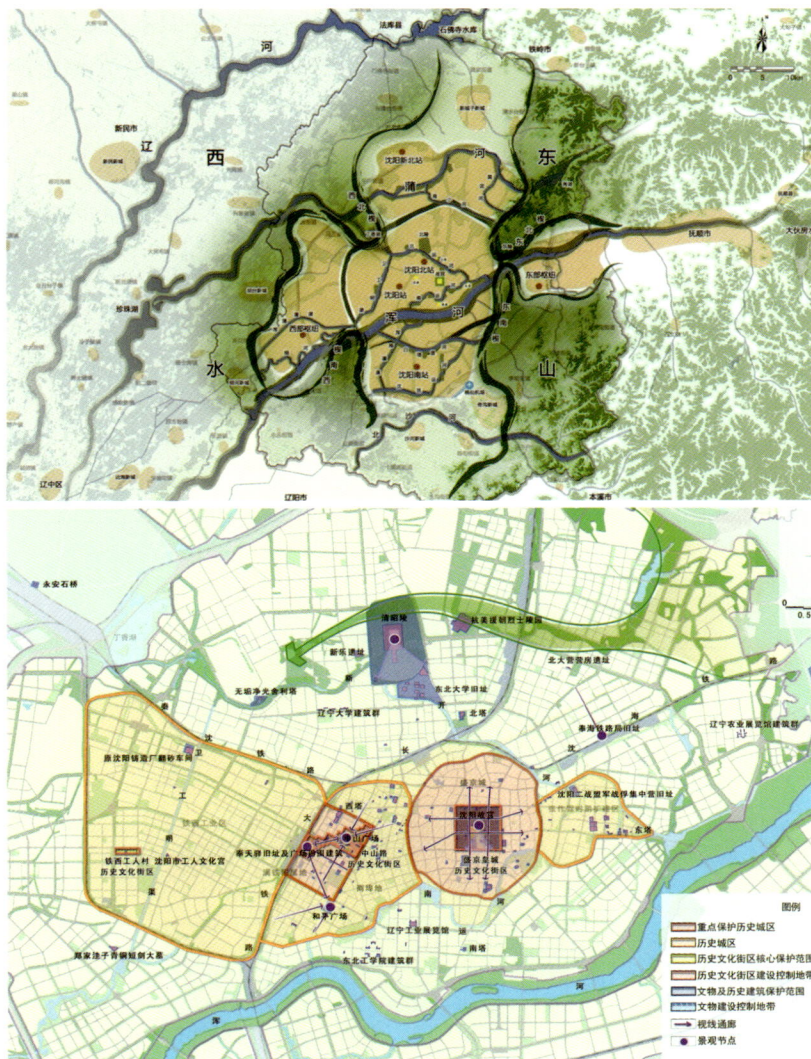

图 2-13　沈阳的城市格局和历史保护规划图

图片来源:《沈阳振兴发展战略规划》

## （2）南方山川城市的设计视角

南方由于山川地形地貌、水文气象等条件复杂,滑坡、泥石流等地质灾害频发,因此山地的自然生态环境较为敏感和脆弱。但是山川城市在建设中最容易不顾自身资源环境条件,人工建设干扰和破坏了山地自然生态环境的良性构成和平衡关系。近年来,一些山地城市的组团隔离带不断被侵蚀，滑坡、泥石流、城市内涝等灾害频繁发生，凸显了人地矛盾持续恶化的趋势，如何调节城镇空间与生态环境之间的冲突成为山地城市发展需要思考的首要问题（图2-14）。

簇群城市设计主要应用于山地城市，因其地表建筑随地形起伏变化，如同铺设于山坡上的建筑森林，团簇分布，大开大合，呈现出高度和谐的城市群体关系（图2-15）。簇群城市设计主要包括五个方面：有机分散的多中心组团式结构、高密度簇群式的城市组团布局、立体

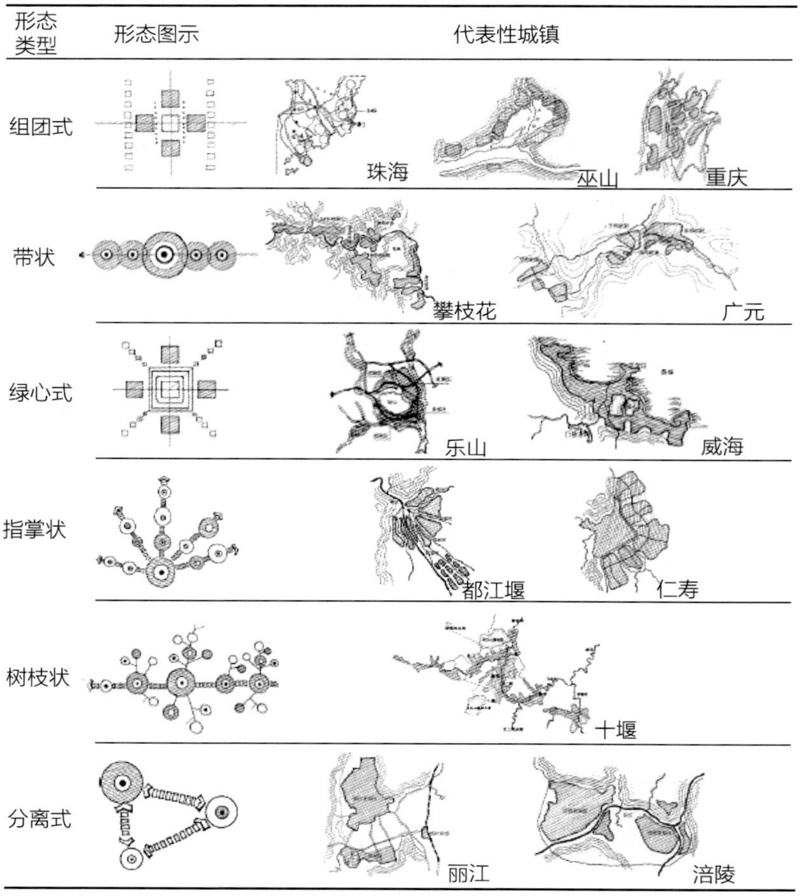

图 2-14　山地城市的各类空间形态与代表性城市

图片来源：赵万民、束方勇：《山地总体城市设计的理论认识与实践探索》，《上海城市规划》2018 年第 5 期

图 2-15　重庆的山地簇群城市意象图
图片来源：赵万民、束方勇：《山地总体城市设计的理论认识与实践探索》，《上海城市规划》
2018 年第 5 期

式道路网络格局、多层次的城市轮廓线设计以及因坡构筑的建筑营建
方法。

　　具体而言，多中心组团式结构与簇群式组团布局由山地城市形
态大开大合的布局特征所决定，在此基础上耦合特殊的山水环境，因
势利导建立现代立体交通，构建和谐的城市空间协同关系。而城市轮
廓线在山地城市的设计上存在多种可能性，可通过景观塑造，采用交
错排列、渗透挡景等多种方法将山脊线、水岸线和城市的天际线构成
的视觉效果发挥到极佳。簇群式布局中各建筑结合地形起伏变化的特
点，有机、自由地生长，片区集中为建筑组群，其内部又以各类地标
性构筑物或开放空间引领城市空间特色发展。

　　譬如福州就是吴良镛先生认为保护与发展较好的典型山水城市，
58 座山体分布于城中，形成"城在山中、山在城中"的格局。山地
城市的特殊之处在于，山体是城市历史记忆的载体和逐步发展的见证
者，山体的本体及其承载的文化记忆应予以完整保留。同时，山体是
山与山、山与水、山与重要城市节点之间空间格局的关联点，应结合
地形等因素设立视线通廊和城市眺望点，并相应地在城中建立以山体
为眺望对象的城市景观界面（图 2-16）。

图 2-16　福州市的山体保护设计

图片来源：王文奎：《城市"望山"的理想、行动、困境和对策——福州市城市山体保护规划的实践与思考》，《福建建筑》2017 年第 3 期

### （3）西部地广人稀城市的设计视角

西部地区受自然条件的影响，土地辽阔且人口较少，城市密度与强度普遍相对较低。针对其生态环境较为敏感和脆弱的特征，采取整体保护生态环境、重视山水环境的综合治理方式。强调其内外兼具的文化特质与魅力，塑造独具特色的城市风貌与浓郁的地方个性。如银川市的设计中，依托独特的自然环境与资源禀赋，突出"塞上湖城、西夏古都、回族之乡"三大城市特色，将自然资源、历史景观、现代风貌有机融合，不断增强城市环境和建筑景观的可读性和精神价值，明确城市空间结构及城市形态，塑造独具魅力的城市风貌特色（图 2-17）。

综上所述，无论是传统哲学的自然观，还是现代生态学的系统观，城市和自然都是和谐的统一体。因此从城市设计的角度出发，要充分考虑自然山水对城市形态的影响，结合自然山水，尊重自然山水。这样既保护了城市周边的自然生态环境，又发展出独特的山水城市景观，使城市形态与自然结合紧密、协调发展。

图 2-17　银川市城市风貌设计和保护

图片来源：国家林业和草原局、国家公园管理局，http://www.forestry.gov.cn/main/5115/201810
30/090342627976857.html

## 2.2.2　城市设计在微观环境塑造中的作用

在尊重顺应气候地形等自然禀赋、与自然和谐共处的基础上，城市设计可以进一步塑造出趋利避害、更为适宜的微观环境。由于我国位于北半球，阳光来自南向，建筑最佳朝向是南，故城市多朝南。但有些地区则需要通过城市设计对微观环境进行改造，方能达到朝向较优的效果。

在我国的历史长河中，先后有 10 个王朝选择在古长安地区（今西安地区）建都，这与其优越的地形地貌自然条件有很大关系。从地形地貌的角度来看，在八百里秦川中，西安地区位于其中央的一块小平原上，被北山山脉、秦岭山脉包裹其中，形成了天然的军事屏障；同时，多条河流也自山脉流淌至西安平原之上，为城市提供了引用、灌溉的水源。在整个富饶的关中平原，西安地区凭借巨大的地形地貌优势，成为我国西北部的中心城市。

西安南为秦岭，北为渭河，山川走势南高北低，若城市向南，则需利用微观环境创造城市北高南低的气势，其北部龙首原起了很大作用。唐长安城于龙首原东址"北据高原，南望爽恺"之地建设大明宫，因地制宜地利用龙首原的制高地形，形成整个都城北高南低的向南的朝向（图2-18）。

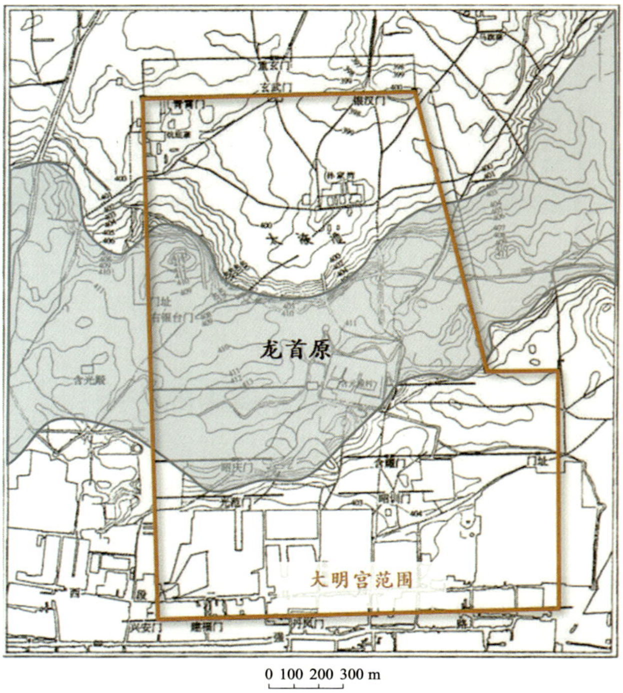

0 100 200 300 m

图2-18 龙首原与大明宫的关系示意图

图片来源：根据车通：《唐大明宫国家遗址公园宫殿区保护展示规划设计初探》，西安建筑科技大学硕士学位论文，2009年改绘

52

就河流水系而言，古代众多城市的兴起和水系有着千丝万缕的联系。纵观我国城市建设史，许多城市发展建设于大江、大河的沿线，如南京、武汉、杭州、扬州、广州等都是傍水而兴。通过营造城门、水关、运河等微环境，形成了便于漕运的城市带，对这些城市的繁荣发展发挥了重要的作用。广州地势南低北高，但面临珠江，城市边界不断延伸，故南部城墙不稳定，广州东门和西门在城市中起到重大作用。

## 2.2.3　城市设计在空间格局重构中的作用

我国的许多城市均面临新区建设、城市扩张的问题。改革开放以来，中国城市规模几乎翻倍，北京、上海、广州等特大城市的集中建成区面积都有超过 10 倍的增长，深圳等全新城市更是从无到有。快速的城市建设用地扩张逐渐打破了原有的城市山水格局，新的城市发展设计则需要从新的视角重新谋划城市山水格局。在城市扩张和新区建设的过程中，需要考虑自然和城市形态的相互关联，城市老山水格局和城市新山水格局要形成相互协调、相互配合的互动关系。

如今科技发达，城市发展所受的限制越来越少，在城市大规模扩张的过程中，自然山水产生的经济价值比例越来越小，但是其蕴含的文化价值却未见减少。如何协调城市的人文社会环境与自然环境，是现阶段城市设计需要慎重考虑的问题。为解决这一问题，可以通过提高城市景观特色、提升城市环境等办法来维持城市生态系统的稳定。好的城市设计强调人工环境与自然环境要有比例，要有良好的融合关系，两者关系融洽且比例和谐是一个优秀城市的标准。

在突出自然环境重要意义的同时，更要强调在城市设计中均衡人文社会环境与自然环境两者的比例关系，比例关系协调的城市才是好的城市，才可以良好运行，这也是一种对自然美的追求。城市设计要做到将山水格局展现出来，处理好"山、水、城"的空间关系和格局，而不是用所谓的现代化手段遮住原本能望见的"山水"。好的城市设计要尽量不破坏自然原有肌理，在自然赋予我们的土地环境上，创造出顺应地形且丰富多样的趣味空间。

**案例：广州的城市山水格局**

"负山险、阻南海"奠定了古番禺成为古南越国都的自然条件基础。广州北部地区山高林密，峰峦叠翠，南部珠江口地区平原沃野，河网密布，形成了"青山半入城、六脉皆通海"的生态城市格局。为维持区域生态平衡，提供可持续的区域性生态保障，广州市近年来注重基于区域与城市生态环境自然本底及其承载能力的建设，通过区域间的合作，在广佛都市圈外围，分别以广州北部连绵的山体、东南部（番禺区、东莞市）的农田水网、顺德区境内的桑基鱼塘、北江流域内连片的农田和绿化种植区为基点，建立广州环状绿色生态屏障——生态环廊，形成"区域生态圈"。除此之外，广州东北部山体与直通南海的珠江水系，分别自东北与西北延伸至环廊内，真正做到山水相互融合贯通。

中心城区北部有白云山氧源地作为城市"绿肺"，由此沿新城市中轴线向南延伸，南部有珠江携海珠湿地、万亩果园形成缓解内涝、净化水质的城市"绿肾"，使中心城区呈现"珠水为脉、山水融城、北肺南肾"的生态格局（图2-19）。

图2-19　广州的"北肺"白云山和"南肾"海珠湿地

# 2.3 建立城市自然生态系统

城市作为一个自然、社会和经济复合的人工系统，需要三者共同维持和发展来实现生态系统平衡。尊重自然的城市设计是城市绿色发展的前提。通过城市设计的手段，不仅可以解决视觉美的问题、城市风貌的问题，更重要的是可以解决城市所面临的洪涝、热岛效应、噪声、城市中生物栖息地缺失等生态和环境问题。城市设计要处理好城市与自然山水的关系，尊重自然、顺应自然、保护自然，改善城市自然生态环境。要通过城市设计建立完整、健康、连续和安全的生态系统，着力提高城市发展的可持续性、宜居性，从而从城市生态系统中获得可持续的生态系统服务。

## 2.3.1 城市与自然山水的关系

探究城市与自然山水的关系，需要从生态平衡的角度出发，一方面要注重对自然山水的保护，另一方面要发挥主观能动性，积极运用城市设计的手段，协调城市环境与自然山水的关系，使之和谐共生，逐渐形成以自然山水和谐共生为基础的现代生态理念。这种理念将环境的主体与客体纳入生态系统的有机整体，主体与客体各自所属的生命休戚与共、互相交融。另外，自然山水不仅是影响城市选址和形成的首要因素，还是塑造城市形象"不可再生的"要素，在自然生态景观、空间格局形成，乃至地域文化特色等方面都能产生不同程度的影响，因此为了实现和谐共生，城市设计必须重视对自然山水的深层次保护与利用。

### （1）城市尺度要与山水尺度相匹配

城市设计首先应处理好不同层次的城市空间与相对应的山水环境之间的尺度关系，有机、有效地融合人文社会空间与山水环境。城市的总体格局、廊道、轴线、街道、节点等的设计均应与所处的山水环境的尺度相呼应，形成山—水—城互融互通的空间形态。如上海市的浦东新区，东临浩瀚的东海，西面是宽阔可通行远洋巨轮的黄浦江，这样宽广的水面尺度，可以有力地烘托陆家嘴超大尺度宏伟的中央商务区形象。而厦门市则通过城市设计，对从市域的山—城—海格局，到中心区厦门岛的胡里山—员筜湖—五缘湾，再到鼓浪屿的日光岩—小岛—别墅三个不同的尺度层次，给出了不同的建筑尺度导控。

## 案例：厦门市总体山水格局

　　厦门是一个山水交融的海滨花园城市，2013年完成《美丽厦门山水格局概念规划》。首先，明确了城市必须保护保育的生态区域，即绿色基础系统须被严格控管保护的限制建设区域，适当发展的特色生态农业区，城市建设的市政绿廊、城市公园等绿化景观区，以及不同形式的滨海岸线等。其次，为确保城市中能处处凸显山海绿意，突出山海城交融的城市特色，规划中明确提出了城市总体建筑高度和天际线形态的控制。依托同安云顶山、小金门红山形成新地理轴线，结合大帽山、云顶岩与太平山、香山等副轴线，界定未来岛内与东部市级中心的区位。未来高崎中心区、内垵中心区与两岸金融中心区将共同形成"厦门新世纪海上城市客厅"。最后，根据山海空间形态的视觉突出点，提出控制对塑造山水格局具有重要作用的景观节点，包括保护并强化山顶节点，保护具有景观与丰富生态或文化价值的海上岛屿节点，以具地标性的建筑物强化滨海节点；结合地区特色发展兼具重要山水景观与人文价值的历史、文化街区或聚落（图2-20）。

图2-20　厦门城市总体发展意向

图片来源：《美丽厦门山水格局概念规划》

### （2）城市网络要与山水网络相协同

宾夕法尼亚大学教授伊安·麦克哈格认为："理想地讲，大都市区最好有两种系统，一个是供自然演进的生态廊道系统，另一个是物质空间发展系统。这两种系统有机结合，就可以为全体市民提供和谐的大环境。"因此，要实现城市节点之间空间关系的良性发展，城市环境就应当与自然环境的整体格局和谐共生。

自然环境和人工环境在城市中并不是相互独立的，在城市的人工环境中也注重对仿自然环境的构建，这种自然与人工环境相融合的理念在城市设计中可以从渗透性、渐变性和整体性三个角度来解释。

渗透性：人工环境与自然环境不是生硬地拼贴在一起、并列在一起的，它们相互支撑、犬牙交错甚至相互咬合并合成一个比较复杂的有机体。成熟的城市在设计中会注重与自然的关系，更强调其建筑所占的比重与面积。在特定区域中，人工环境与自然环境通过量化性能和优化设计，将城区绿地和城市水体协同起来，形成混合性的解决方案。

渐变性：人工环境与自然环境的比例关系不是一成不变的，会随着周边环境的变化而变化。比如在城市建成区，人工环境占较大比例；在乡村和城乡接合部，人工环境则小于自然环境所占的比例。这种变化的关系才是真实的、适应自然的表现。

整体性：城市人工环境与自然环境需要作为一个整体进行规划设计，而不能将二者割裂，人工环境与自然环境一定要相互融合，通过这种协调关系，才能构建特有的城市文化。

在城市设计中，要强调人工环境自然特征的重要性，强调在人工环境中加入如园林这类具有自然环境特征的城市景观元素，此类景观元素是人造的自然环境对人工环境的有益补充。比如，苏州园林就是人工仿自然环境的典型案例，其造园的理念、技术一直延续至今。从苏州园林在城市中的分布图中可以看出，在人工环境组成的城市建成区中，点缀着众多自然园林，建立了一套集生态、健康、文化于一体的美丽景点，城市景观体系、城市人工环境与自然环境在苏州城得到了很好的融合。因此，在我国的城市建设中，需要加强对人工仿自然环境的创建，从而展现城市的独特魅力。

## 专栏：边界的概念

边界是线性要素，通常是两个区域间的界线或者连续部分的线形中断。边界可能是区域间的分割，也可能是接缝，将沿着它的两个区域关联和衔接在一起（图 2-21）。边界并非起着单一的阻隔作用，在某些时候或区域中，边界可以保留相应的层级联系性，如视觉联系或步行穿越联系等。

在不同区域的联系中，边界区域不单纯起着过渡作用，还可以是区域联系活动的触发点，是城市设计的聚焦之处。边界不仅可以实现从公共空间到私密空间，或任意空间的相互转换，其自身同样具有存在意义，因而边界区域既可以是手段，还能是一种目的。因此在各类场所设计中，边界区域应被视作独立的实体。

在城市与自然的联结中，边界是城市与自然对话的媒介，大多数城市都有非常清晰的边界。例如，伊斯坦布尔的意象由博斯普鲁斯河构成，这条河同时形成了城市的欧洲部分和亚洲部分的边界。对于许多沿海城市来说（例如芝加哥、香港、斯德哥尔摩），水体形成了重要的边界。

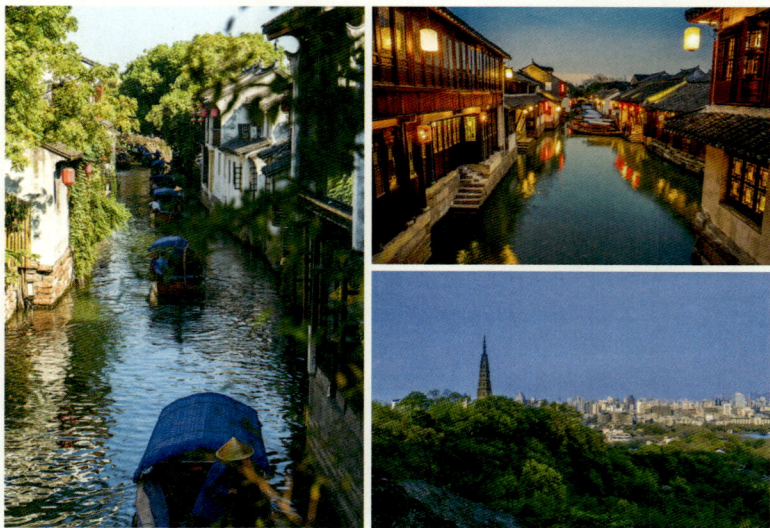

图 2-21　人文景观和自然景观融合，打造宜人的城市环境

**案例：越秀公园**

越秀公园是目前广州市内规模最大的综合性公园，同时也是广州最早设立的公园之一，其主山越秀山因西汉南越王赵佗曾在山上建"朝汉台"得名，历经沧桑，弦歌不辍。自元代以来，公园所在之处的风景在各时期均为羊城八景之一，时至今天，其风采越发迷人。

越秀公园的自然与人文景观资源丰富，由7个山岗和3个人工湖组成，园内树木郁葱，鸟语花香，绿化覆盖率达83.48%。园内保存着明代镇海楼、古城墙、四方炮台遗址以及中山纪念碑等历史遗迹，还建有五羊仙庭、竹林休闲区和游泳场等现代设施（图2-22），让游人在历史与现代、自然与人工的交相辉映中，体会广州的魅力。

图2-22　越秀公园

　　例如，广州在城市发展过程中，比较好地坚持了城市网络与自然山水网络的和谐共处。在城市形态演变过程中，由于广州不断发展、扩张，原本"云山珠水"的古城格局特征已经不足以覆盖整个城市山水格局。因此，广州逐渐形成了覆盖范围更广的"山城田海"城市山水格局特征，现代的广州开始在更高的层次、更大的尺度上把握自然环境和城市形态的关系。新的广州城市山水格局是在广州古城城市山水格局基础上演变而来的，"山城田海"是对"云山珠水"精髓的继承和空间的扩展。

　　传统城市山水格局的强化，会在城市居民的心里留下清晰而鲜活的城市山水意象。这种山水结构对应着人们的心理结构，又在潜意识里引导着城市的建设活动，促使人们在建设中对这一山水结构不断完善，引导城市自然山水不断完形，久而久之形成一个良性的循环。在以自然山水为核心的城市景观体系中，普遍注重自然山水形态格局的塑造以及在该形态下的城市空间景观组织，或者积极主动地通过合理的人工改造调整城市自然山水的形态结构。在不断强化上述基于自然要素形态的城市认知系统的过程中，具有独特自然山水形态的中国传统城市逐渐增多。

### 案例：肇庆山水网络对城市的支撑

　　广东省肇庆市的主城区，位于北岭山、星湖七星岩景区和西江之间，区域地理条件和城市选址奠定了形成"山—湖—城—江"结构的地理基础，此后的人工营建中出于城市和农业发展的不同需要，结合自然山水逐步形成了与城相伴的湖泊，并展开风景建设，以优美的湖光山色闻名于世（图2-23）。

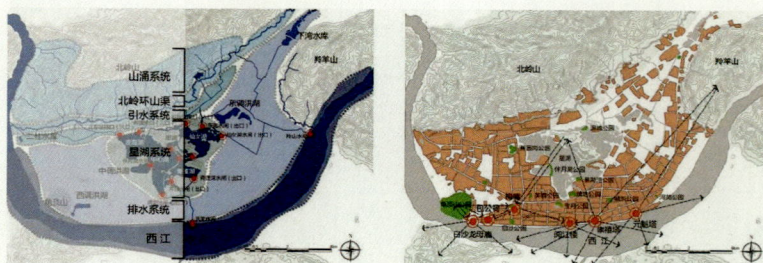

图 2-23　肇庆的山—湖—水—城关系

图片来源：张媛、侯晓蕾：《广东肇庆山水城市格局的历史形成与挑战》，《建筑与文化》2016 年第 3 期

**案例：重庆城市与山水网络的关系**

　　重庆城市最初选址于地势较为平坦的江北嘴，背山面水，利用良好的自然要素作为古代城市的防御设施。秦灭巴之后，在原址上砌筑城墙，重庆呈现"片叶浮沉巴子国，两江襟带浮图关"的山水格局特征。随着城市的发展，重庆结合山水景观形成了不同时期的巴渝十二景，这些自然和人文景点均体现了当时城市与山水环境的协同关系，凸显了重庆依据自然山水营造城市风景的地域特色。到了现代，重庆主城区更加充分利用山水网络，整合山体景观，打造滨江景观带，构建山、水、绿网络系统，将优质的山水资源穿插、镶嵌在城市中，使山—水—城交相呼应，实现城市与自然的融合（图2-24）。

图 2-24　重庆鸟瞰图

## （3）显山露水要符合人体尺度

　　将精神与物质层面在多个角度多个方面进行融合，是结合城市设计与自然山水环境的重要手段。具体而言，就是在遵循生态学原理的基础上，最大限度地避免破坏性建设，相应地划定自然山水的保护区域，并根据城市所处地域，采用适宜的城市景观设计，逐步建成适宜人居的物质家园。另外，还要从精神文化层面追求物质环境与人文环境的融汇，创造人性化的精神家园。这样自然山水对于城市的作用才不会随着人类适应自然、改造自然的能力的进步而消亡。

　　无论平原城市还是山地城市，在考虑城市与自然相协调的同时，还要考虑山水与人体尺度的协调，要尊重人的日常行为和日常需求，要关注人对自然环境的体验和感知。例如，在微观设计上，山体、水体周边的建筑要注意高度、体量的控制，满足人活动的需求；街道空间的设计，应以人的活动尺度为基准，加强人性化设计，提高街道空间的舒适性、便利性和亲切性。颐和园昆明湖上的十七孔桥、杭州西湖上的断桥以及扬州瘦西湖、济南大明湖、南京秦淮河等在大尺度的自然环境中建设的桥梁、亭楼等，均是符合人体尺度的经典案例。

**案例：北京密云古北水镇民宿区宜人的空间尺度**

　　北京密云古北水镇位于长城脚下的司马台村，充分展示了古长城文化、北方传统村落风貌及北方"水乡"特色。古北水镇的民宿区充分结合所处的地形与环境特征，塑造了宜人的空间形态。沿小汤河形成与其平行的水街，作为民宿区的主要街巷。在与地形相契合的道路系统和水网的基础上，利用原有地形的高差，根据院落的规模、功能等实际情况，塑造高低错落的组团空间。遵循北方传统村落街巷高宽比的特征，根据街巷两侧建筑的高度来确定街巷的具体宽度，塑造与山水环境相宜的空间肌理。同时，因地制宜地优化院落空间的尺度、规模和布局，使其更符合不同人群的需求（图 2-25）。

图 2-25　密云古北水镇宜人的空间尺度

## 2.3.2 建构城市生态系统的方法

工业革命以来，在城市化进程中，由于物质生产能力快速提升，物质空间迅速扩展，城市曾经以掠夺其外界资源的方式来促进自身繁荣。随着生态城市理念日益深入人心，城市正转向能同时"供养"人类与自然的非掠夺性的发展方式，形成一定区域内以自然、社会、经济为基础的可持续运作的生态城市。从全球的角度来看，各个国家、地区和城市在某些方面可能相对独立，但其在大多数时候存在着千丝万缕的联系，只有充分认识到生态城市是全球的共同财富，通过全人类的通力合作，方能实现世界范围内人类与自然的共生。

同时，在城市设计中，还要贯彻可持续发展理念，以人与自然和谐为价值导向，广泛应用生态学的原理与方法，以城市长远利益为出发点，通过必要的技术手段，合理配置有限的资源，确保规划设计既能满足当前的发展需要，又不损害后续发展的空间与利益，防止被当前的、局部的利益所蒙蔽，采取掠夺性方式维持城市的繁荣发展，从而保证每个发展时期的目标、途径具有科学性与合理性。

### （1）城市生态系统的构成

现代城市生态学的观点认为，城市是地球表层上各类自然、社会与经济要素高度集聚的，并受资源、环境、人口影响的复合型生态景观。通过水、土、气、生、矿等自然生态组成来描述城市赖以生存、繁衍的自然生态子系统，通过生产、流通、消费、还原和调控等物质代谢和信息交流等经济生态过程来显示城市兴衰的经济生态子系统，再加上人类的社会文化关系，构成城市社会—经济—自然复合生态系统（图2-26）。人类行为的社会生态、物质代谢的经济生态和环境演变的自然生态三者的和谐共生，是城市可持续健康发展的基础。

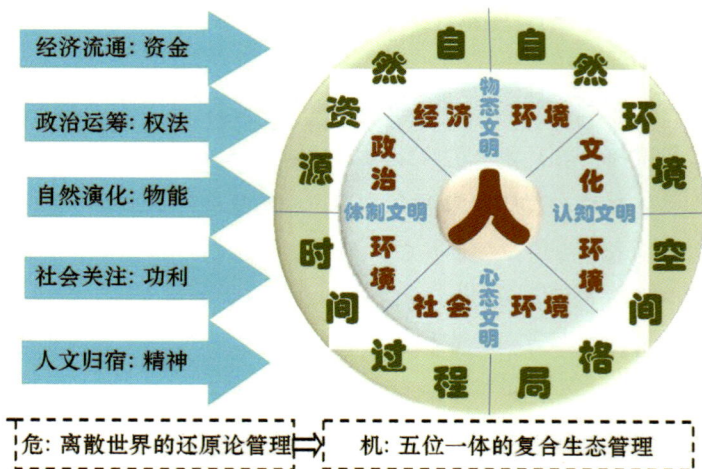

图 2-26　人与生态系统的关系

图片来源：王如松、李锋、韩宝龙、黄和平、尹科：《城市复合生态及生态空间管理》，
《生态学报》2014 年第 1 期

## （2）通过设计维护城市绿色生态空间

基于城市设计特有的优势，合理布局各类空间环境，让山水穿插、渗透于城乡之间。保证山水城主体的完整性，正视山水城支脉的碎片化，是保证山水城和谐统一的重要手段。通过城市设计，柔化城市与自然之间的边界，让水脉畅通，让山林连绵，让生态廊道串联，让城市尽享自然回报，让城市文化在自然山水的滋润下再放光彩。通过城市设计，将城市融入自然山水之中，构建有品位、有文化、有特色的城市风貌。

一方面应强化自然山体的边界维系和保护利用。原则上城市中的山体、陡坡和崖壁应当用作绿地或非建设用地，在开发建设过程中应充分了解当地地形地貌，保持水土植被，禁止开山采石、大填大挖，在相对平缓的浅丘区域，应结合地形地势，随坡就势进行规划设计，体现独特的山地特色。对自然山体的保护应划定严格的区域管控线和边界协调线。区域管控线内根据实际情况划分出禁建区与重点控建区，前者严格控制各类建设活动，后者的建设活动以公共服务设施和低密度开发为主，需要严格论证，重点控制。边界协调线根据实际情况，在山体周边 100～500m 范围内，结合道路规划划定，主要用于控制区域内的开发强度、建筑高度、开敞空间以及视线通廊。同时还应合理规划城中山体的出入口，加强山体的交通可达性，使之与城市公共交通、自行车和步道等系统相衔接，进一步完善登山步道、停车场、集散广场等基础设施，方便市民使用。

另一方面要凸显对城市山水廊道的结构性控制。通过土地整理和生态修复，恢复和联通城市重要的景观生态节点与廊道，增加绿化空间，强化城市与自然生态空间的关系。对现状农田、绿地、山体及林地进行最大化保留，形成天然绿色生态走廊，作为城市发展屏障，限制城市无限扩张；同时将这些绿色空间合理规划为郊野型、生态型公园，不仅可以保留山水田园风光，同时也形成了城市居民活动的重要空间，使自然空间与人工建成环境互相渗透。

## 案例：博斯普鲁斯河

博斯普鲁斯河是一条沟通黑海和马尔马拉海的狭窄水道，是土耳其海峡（又称黑海海峡）的一部分，同时也是土耳其亚洲部分和欧洲部分的分界线。

两岸分属欧亚两洲，但景色十分相似——翠绿片片的草地树丛；朱红点点的高楼小屋；从罗马帝国和奥斯曼帝国遗留至今的巍峨王宫，依水而立，古堡残垣，矗耸岸边。在博斯普鲁斯河中段，两座 14—15 世纪的古堡分立河的两岸，如同一对雄狮昂首挺立。优美的自然风光与悠久的历史古迹交相辉映，使博斯普鲁斯海峡成为土耳其著名的旅游景区之一（图 2-27）。

图 2-27　博斯普鲁斯河
图片来源：https://www.britannica.com/place/Bosporus

案例：沈阳浑河

　　沈阳市为了有效整合城市空间，积极推动"一河两岸"发展，构建起"东山西水、一河两岸、一主三副"的城市空间结构。基于完善的基础设施网络，沈阳市将四个接通周边山水环境的楔形生态廊道以及浑河、三环绿带作为分隔，逐渐建成山水城田相互融合、和谐共生的有机组团布局，有效实现了浑南、浑北的主城整体发展。沈阳市还以浑河为轴线，提升和完善跨河交通、产业功能以及综合服务功能（图2-28）。

图2-28　沈阳浑河

## （3）以设计促进城市生态系统服务的提升

　　城市生态系统服务是指人类可从城市生态系统中获取的利益，包括提供生物生境、生物多样性等的支持服务，供给食物和水源等的供给服务，调节气候及净化水和大气环境等的调节服务，以及提供休闲娱乐、文化教育、满足精神需求等的文化服务四种类型。[1] 有序的人类活动可以改善并提升城市生态系统服务，科学的设计与管理可使城市生态系统持续满足城市居民对城市生态服务的需求。

1　毛其正、黄甘霖、邬建国：《城市生态系统服务研究综述》，《应用生态学报》2015年第4期。

通过城市设计处理好城市生态系统各种类型服务之间的关系，确保生态、经济、社会环境协调发展，避免为了获得某种服务而破坏生态系统的平衡。如各类休闲娱乐设施的建设，应尊重自然，遵循原有地形进行设计，减少文化服务与生态支持服务以及生态调节服务间的矛盾。

通过设计结合自然，对城市进行生态修复、功能修补，以此来维持、保护、修复自然基底，保育生物多样性。以自然为美，把自然山水融入城市，让城市再现绿水青山。通过设计提升城市的通透性和微循环能力，提高城市的自我调节能力。例如，合理搭配与布局植被，预留通风廊道，增加公园绿地等用地类型，以净化空气，调节城市小气候。优化绿色基础设施网络空间，采取低冲击开发、海绵城市设计，使用绿色基础设施管理雨洪，以及新增绿色基础设施补充绿化等措施。以网络交融化、节点复合化和功能综合化的景观镶嵌体为出发点，将城市中的公园绿地系统、河流、湿地、绿道网络、步行空间等组成一个具有连续性、多尺度性和综合性的廊道体系，并进一步构建具有城市韧性的绿色基础设施综合体体系，从而提升各种城市生态系统服务。按照人的视角，结合自然环境推进城市空间品质提升，提供更多更贴近自然的休闲游乐和文化教育场所，为人们提供更高质量的文化服务。

## 案例：成都东部新区通过城市设计提升城市生态系统服务

成都东部新区的设计充分突出了公园城市的特色，通过设计确保动植物具有栖息环境与迁徙廊道，人和动植物共享城市栖息地。依托龙泉山、沱江水系、三岔湖、龙泉湖等优良生态本底，划定超过70%以上的蓝绿空间，塑造"山水公园城、时尚新天府"的总体城市风貌；打造包含龙泉山森林公园的城市绿心等；有机融合公园形态与城市空间，实现两者的无边界融合（图2-29）。

图 2-29　成都东部新区实景

## 案例：北京世园会构建可持续生态系统的设计方法

　　2019 年北京世园会位于北京延庆区西部，毗邻八达岭长城、海坨山，横跨妫河两岸，占地面积 960hm²。园区的设计以"绿色生活，美丽家园"的办会主题为宗旨，坚持以最少的人工干预求得最小生态扰动的原则，在保留现状山、水、林、田、村的基底上，进行必要的修复与改造，将园艺融入自然，进行园区全生态链的系统规划。通过营造多样化的乡土生境和人工湿地净化系统，保护和恢复已受损害的自然河流湿地，为鸟类、昆虫等提供栖息之地。在提升湿地功能的同时，完善绿色基础设施的建设，净化水体，治理水土流失，实现雨洪管理。以自然尺度为衡量依据，借助增加绿植、削弱高差、延长视线等园林设计手法，使场馆建筑与自然环境相融合。在绿色空间转型升级方面，园区将自然生态和园艺植物户外体验置于突出的位置，开展各类文化、研学、体育活动，沿妫河建设步行和骑行绿道，扩大园区后续为人们提供休闲活动的范围，持续发挥生态资产的价值（图 2-30）。

图 2-30　北京世园会中国馆

图片来源：2019 中国北京世界园艺博览会，http://www.horti-expo2019.com

# 03

## 城市特色的空间组织

● 我国用三四十年的时间走过了其他发达国家两三百年的城市化和现代化进程，以新技术和智慧化为驱动的未来城市也正从科幻走向现实。而今我国已经走过了横冲直撞、大拆大建的高速发展时期，新时期应科学理性发展，更加注重城市的全面健康有序发展和对城市文脉延续性的管理，尽可能留住具有城市特征的地域环境基因、文化特色基因、建筑风格基因。通过设计实现历史与未来的连接，统筹考虑历史传承、区域文化、时代要求，打造自己的城市精神。

# 3.1 城市文脉的传承

城市的认知是人们在生活中对城市特征感受的结果，是一种综合性的社会现象，其内在机理是建筑群落、社会习俗、文化心理等多种约定俗成的事物在城市形态中有机结合而产生的一种逻辑和内聚力。经过历史长河沉淀而形成的共同城市认知，即城市的文脉，不同城市的历史文脉与城市空间的叠加就形成了城市的特色与个性。

## 3.1.1 空间传承与文化传承的特征

伴随着全球经济一体化，城市的特色与个性也在此进程中逐步消散，新的城市建设活动往往会给原有的城市格局和城市特色带来冲击与弱化。究其根本原因，一是现代城市中商品、服务的标准化、连锁化，使得人们的生活方式走向趋同，也使人们对城市的需求和审美走向趋同；二是现代城市的营建中，往往忽视了对与城市个性相匹配的城市空间的打造，城市个性无法得到彰显，城市空间秩序缺乏统领，从而造成人对城市认知的迷惑，无法凝练出城市的精神。

那些文脉和景观格局鲜明的城市，必然能给人留下清晰和具备特质的城市认知。因而，为了强化人们对城市的认知与认同感，需要在物质与精神层面共同作用，精神层面注重延续城市文脉，构筑明显的城市个性，物质层面需要构建有序的城市空间景观格局和秩序。新时代的城市设计工作需要探寻如何以城市文脉传承、城市的空间和景观格局传承塑造城市特色与个性。

### （1）空间传承突出物质导向

山、水、路是空间传承的三个基本要素。由于山脉、水系和路网是城市中不易改变的三个基本要素，可以承载建构城市历史空间结构的功能，在空间传承过程中抓住这三个基本要素，就可以统领城市的格局。如在城市营造过程中，以山水为边界，可以确定城市的基本尺度与范围；根据路网的划分及建设，可以确定城市的肌理。总而言之，山、水、路的空间物质要素建构了城市空间的基本特征。

山、水、路作为城市形态塑造的引领性要素和城市空间结构的"关键性节点"，必须突出其在城市设计和城市空间景观中的主导作用，使之在一定区域范围内支撑整个城市格局的建构，并与城市空间的层级建立相互对应的关系。

## 案例：南京城市格局

南京的城市格局中，"山川形胜"是其重要的组成部分。长江从西南而至，在南京转而东去，直抵清凉山石头城下，六朝以前长江水面宽阔，成为南京北部的天险。而钟山往西与富贵山、覆舟山、鸡笼山、鼓楼岗、五台山等连绵成一片，延伸至南京城内，成为南京重要的分水岭。山丘南北分属秦淮河流域和金川河流域，并沿河形成冲积平原，玄武湖、燕雀湖、莫愁湖等著名湖泊由此而生。南京的山川形势与古城浑然一体，这种独特的意境赋予其与众不同的空间魅力（图3-1、图3-2）。

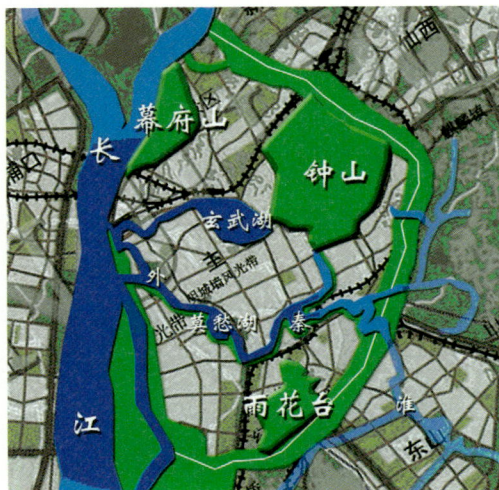

图3-1　当代南京老城城市格局

图片来源：周艳华：《南京城市二元论——南京古今山水格局的传承与延续》，《城建档案》2008年第1期

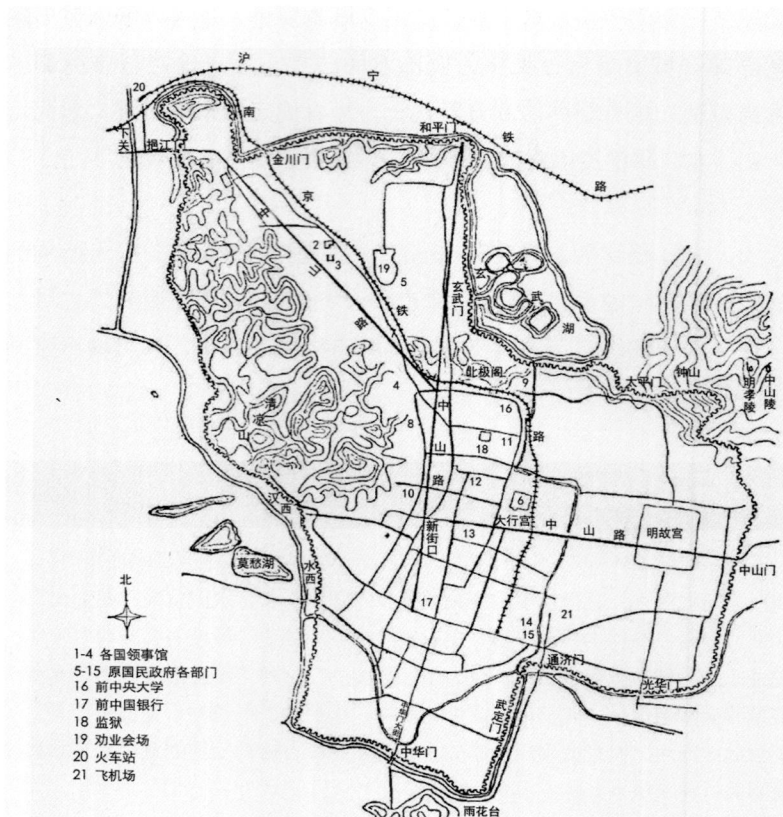

图 3-2　民国时期南京城市格局
图片来源：同图 3-1

### （2）文化传承注重城市功能

经典节点是文化传承的基本要素。城市文化受城市功能特征的影响，从而使不同城市形成文化差异。如广州历史上就是商贸城市，其城市文化"务实世俗，重商轻儒"；而北京作为多朝古都，其城市文化更加传统。城市文化也同步影响着城市功能，两者互相影响、互相渗透，从而积淀下城市的个性与文脉。

城市的文脉秩序需要统领。城市空间逐渐演化形成的结构、形态、肌理等都是城市文脉的重要组成部分和具体表征。城市的各方面建设不仅要塑造其空间形态，更要表达其深层的文化意义，以达到更好地塑造城市空间个性特征的目的，并形成对城市文脉传承的整体环境。凝练和传播具备文脉特色的城市形象，能够让市民对所生活的城市由衷地产生自豪感，进而增强城市凝聚力，提升城市知名度。为此，从城市众多的空间要素中，精选可以在一定时间跨度上持续统领体现城市文化精神特质、重大历史事件的经典载体是非常重要的。通过对这类经典空间载体进行符号化抽象，作为城市与其深厚历史文化对话的代表，会在市民和更广泛的城市观察者之中引起共鸣，并使城市远近闻名。

## 案例：广州西关文化与东山文化

在广州，素有"有钱住西关，有权住东山"的说法，历史上西关地区和东山地区分属佛山和番禺管辖。早在明代，西关地区商业已非常发达，至清末名门望族、官僚巨贾不断云集于此，在广州城西逐渐形成了"西关角"，而在此居住，某种意义上也成为财富与地位的象征，同时也不难看出西关地区人丁兴旺与商业高度发达的内在联系。西关地区逐步形成了极具商贾韵味和岭南地方特色的"重商"地区文化（图 3-3）。

东山地区本为郊外一村落，后广九铁路修建后从此处经过，便有许多欧美侨民在铁路附近修建居住区。由于居住的多为侨胞，其建筑形式主要是花园别墅和洋楼，并配备有齐备的文、教、体、卫设施，颇具现代城市风范（图 3-4）。

**图 3-3 西关大屋厅堂（左）、趟栊（右）**
图片来源：《广州市文物普查增编》

图 3-4　东山别墅及洋楼
图片来源：同图 3-3

## 3.1.2　空间与文化传承的重要载体

地标是城市经典节点的代表。城市并不是孤立存在的，城市的空间秩序需要山水的支撑，并形成有机联系，完善自身的意象，从而最终使城市形象具有完整性与和谐性。这种有机联系，可以是映衬的关系，也可以是对照的关系，更形象地说，这就是一种"对话"。城市是一个高度的复合体，在这种对话中，最能代表和统领城市，协同文化与空间传承的经典节点，通常称为地标。地标是统筹城市空间网络之纲，抓住地标这个"纲"，即可以纲举目张，协同城市的空间体系、文化体系。

在环境认知上，地标是城市空间环境意象的标识、代表和象征；在使用功能上，地标是市民聚集活动的中心；在城市空间上，地标是城市空间的聚集点和空间依托。地标还具有特定的精神内涵，包括某个地域范围内产生的某些特殊的社会意识或社会制度。

## （1）地标应能立于山、水、城之间

山和水如同自然环境中的骨架和脉络，人类就在这样的环境中生存繁衍，因此"山水"自古就是中国人对自然环境的概括。而地标相当于城市的"代言"和"广告"，要实现尊重自然生态、历史文化，并实现城市与自然和谐共处的"山水城市"理想模式，地标与山水之间的"对话"效果是关键所在。地标应居于城市总体山水格局的要地，远眺城市主峰，衔接江、河、湖、海；地标的建筑形式则应体现城市文化精髓，经得起岁月的考验。

### 案例：武汉黄鹤楼与城市山水格局

武汉市位于长江、汉水交汇处，因此形成了汉口、武昌、汉阳三地隔江分立的城市格局，龟蛇二山对峙而立，长江大桥"一桥飞架南北"，形成了"烟雨莽苍苍，龟蛇锁大江"的武汉城市地标特色。黄鹤楼，则是一座能够立于山水城之间而不觉突兀或渺小的建筑，一处可以协调山水城空间、可以统筹山水城空间、可以聚焦山水城空间的建筑（图3-5）。

"山"轴、"水"轴的交汇之处，通常成为城市景观建设的关键区域，因此，黄鹤楼、电视塔、长江大桥等代表各自历史时期的地标建筑在此地段形成"对话"，自然景观与人文景观完美融合。而武汉城市的"山"轴、"水"轴交汇点——南岸咀，也就成为最佳的景观焦点。

图 3-5　黄鹤楼与武汉的山水格局

图片来源：黄鹤楼，www.cnhhl.com

## （2）不同层级空间对话的组织者

林奇提出了建立城市意象的三个条件：识别性、结构、意义，具有这三个条件的城市地标是城市空间秩序的统领，城市空间之间的对话也可以简化为城市地标之间的对话，明确了城市地标间的关系，就可以让人们形成清晰的城市意象。以城市整体空间环境为背景，以地标与这三个条件的吻合程度为主要依据，并顺应人对空间感知的精神向度，可将地标划分为城市级、区域级、社区级三个层级。前两个级别的地标可以通过街道空间等所营造的视觉走廊，在城市空间中组建起一个具有巨大张力的网络，而社区级地标的建立可以加强社区居民的认识与交往。

## 案例：巴黎地标群

17世纪下半叶至19世纪，巴黎建造或改造了一大批包括卢浮宫在内的古典主义风格的城市地标，并将之与道路、桥梁相联系，形成一个具有极强视觉艺术感的城市地标系统（图3-6）。卢浮宫、丢勒里花园、协和广场、爱丽舍大道、凯旋门组合成了该城市地标系统的主轴线，而夏悠宫、埃菲尔铁塔、军事学校、马德连教堂、协和广场、议院、艺术宫、军事博物馆等则构成其他轴线，最终形成了星状放射的城市地标系统，并进一步发展为现代巴黎市区的基本骨架。

20世纪70年代，巴黎沿河两侧发展，打破原有的聚集式单中心结构，将其城市轴线延伸至新城中心——拉德方斯，并逐渐集聚了大量新时代的城市地标，渐进叠加在原有地标系统中共同发展。

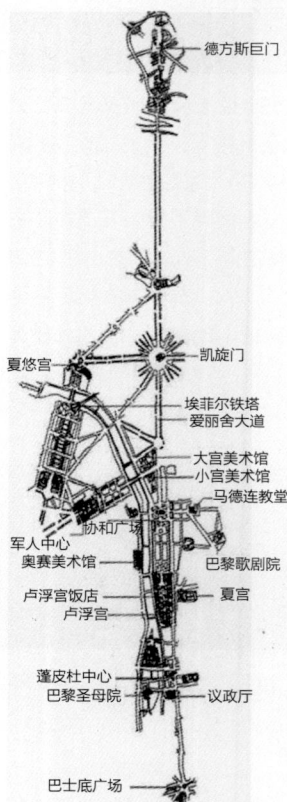

图 3-6 巴黎的地标建筑群

图片来源：卜巍：《城市地标系统整合研究》，哈尔滨工业大学博士学位论文，2010年

城市级、区域级地标的功能类型选择是相当丰富的，因而需要根据不同人群的需求，充分利用各种功能类型，建造多种多样的地标（表 3-1）。

**不同层级地标的功能类型选择**　　　　表 3-1

| 城市地标功能类型 | 城市级、区域级地标的主要建筑物或构筑物 | 社区地标的主要建筑物或构筑物 |
| --- | --- | --- |
| 行政办公类 | 行政大楼、政府大楼 | 居委会、派出所、物业管理中心、街道办事处 |
| 公共设施类 | 文化宫、图书馆、美术馆、博物馆、各类院校、邮局、电视塔 | 托儿所、小学、幼儿园、中学 |
| 商业金融类 | 商场、商业街、地标性商业办公建筑 | 农贸市场、超市、银行 |
| 体育娱乐类 | 各类体育场馆、音乐厅、剧院、电影院 | 酒吧、棋牌室、各类俱乐部 |
| 交通市政类 | 港口、机场、汽车站、火车站 | 公交站、停车场、地铁站 |
| 旅游休闲类 | 宾馆、休闲广场、城市公园 | 小广场、小游园、雕塑、小品 |
| 历史文化类 | 楼阁、塔、纪念性雕塑、碑、钟楼、鼓楼、工业遗产 | 历史建筑 |

资料来源：根据刘凌云：《城市地标系统的历史演进及其优化探索》，华中科技大学硕士学位论文，2004 年整理

**专栏：城市级地标的三种分布形态**

城市级地标的分布有三种基本形态：

①中心式。中心式的分布主要以地标群为主，例如北京的故宫建筑群，位居城市中心，成为北京显著的城市地标。

②外缘式。外缘式分布形态通常出现在滨水城市，如芝加哥在沿湖地区布置了千禧公园、威利斯大厦、海军码头、格兰特公园等多处地标，形成沿湖岸线的地标轴线（图 3-7）。

③分离式。分离式地标分布形态常见于各大城市，由于城市规模扩张，城市往往会形成多个区域，而各年代的城市地标建设在不同区域，形成分离式的地标分布形态。如纽约曼哈顿岛下城区以世贸中心为地标，中城区以帝

国大厦为地标；巴黎形成老城区以埃菲尔铁塔为地标，新城区以拉德芳斯为地标的分离式布局。

图 3-7　芝加哥滨湖地区地标群

## 案例：区域级地标——南京眼步行桥

　　南京眼步行桥位于南京市建邺区中南部，在青奥轴线中轴上跨长江支流夹江水道，北起青年森林公园，南至南京国际青年文化公园（图 3-8）。2011 年，南京国际青年文化中心建筑设计启动国际招标投标，最终采用了建筑师扎哈·哈迪德的设计方案。2014 年南京青年奥林匹克运动会期间，南京眼步行桥发挥了巨大作用，并闻名于世，从此成为南京河西地区的区域级地标。

图 3-8　南京眼步行桥

图片来源：陈天鹤　摄

**案例：社区级地标——天津五大道社区**

五大道社区地处成都道以南、马场道以北、西康路以东、马场道与南京路交口以西，历史建筑颇多，区域内20世纪二三十年代建成的花园式洋房就有2 000多幢，其中风貌建筑和名人故居300多处。

五大道区域内的10个社区，其居住空间作为重要的载体，一方面承载着具有空间特征和景物特征的记忆，另一方面承载着发达的社会关系网络。一个社区的社会关系网络越良好和谐，其历史风貌居住空间的"记忆"保存得越为完善。

五大道社区的地标有两处，一是入口处的雕塑地标（图3-9），二是民园体育场（图3-10）。两处地标的存在，催生出共同的社区意识，社区成员在不断内化与认同社区文化的过程中，会逐渐产生一种归属感，进而形成不断发展的社会网络。

图3-9　天津五大道入口地标

图片来源：天津政务网，www.tj.gov.cn

图3-10　五大道社区鸟瞰图

图片来源：朱雪梅、杨慧萌：《时间发现 空间理解——五大道历史文化街区保护与更新规划研究》，《上海城市规划》2015年第2期

### （3）地标也存在新旧更替现象

城市地标是城市文化的代表，是城市文化表征在城市空间中的经典节点。随着时间的推移，城市文化的"语境"不断更替，城市文化的代表——地标也需要随之更新。如广州传统地标是位于越秀山上的五羊雕像，展现了广州富有人情味、充满友爱、和平的城市文化，但随着城市重心的东移和现代城市文化的逐渐普及，便产生了广州塔这个更能代表现代广州城市特征的现代地标。又如随着城市空间的发展与迁移，上海陆家嘴取代了外滩成为现代城市地标。但并不是所有传统地标都可以被替代，如天安门自中华人民共和国成立以来就一直是北京的地标，而沈阳的故宫至今也尚无可取代（表 3-2）。

**城市体检中十个城市地标调查表**　　表 3-2

| 城市 | 最受认同现代地标 | 现代地标认同率（%） | 最受认同传统地标 | 传统地标认同率（%） |
| --- | --- | --- | --- | --- |
| 广州 | 广州塔 | 92.57 | 五羊雕像 | 68.17 |
| 福州 | 福州海峡奥体中心 | 41.33 | 三坊七巷 | 74.00 |
| 南京 | 南京长江大桥 | 73.19 | 中山陵园 | 84.60 |
| 长沙 | 湖南省博物馆 | 62.35 | 岳麓书院 | 81.79 |
| 厦门 | 厦门大学 | 77.46 | 鼓浪屿建筑群 | 87.80 |
| 沈阳 | 奥体中心 | 40.66 | 沈阳故宫 | 94.98 |
| 成都 | 天府广场 | 61.03 | 宽窄巷子 | 73.95 |
| 西宁 | 青海省博物馆 | 67.61 | 塔尔寺 | 76.81 |
| 景德镇 | 陶溪川创意广场 | 65.26 | 浮梁古县衙 | 56.73 |
| 海口 | 万绿园 | 41.63 | 钟楼 | 64.16 |
| 遂宁 | 遂宁火车站 | 37.16 | 灵泉寺 | 55.37 |

资料来源：根据 2019 年度城市体检试点城市有关调查数据整理

**案例：广州沙面多元文化地标**

　　沙面，位于广州西隅，珠江白鹅潭畔。自宋至清代均为广州对外通商要津，中华人民共和国成立前，因其自身的地理环境位置优越，曾被英法等国长期占为租界，因此岛上西式建筑较多，英租区基督教堂和汇丰银行，法租区天主教堂等著名建筑，波兰、德国、美国、捷克、朝鲜等领事馆和外事机构等，当年也都矗立在这片小岛上。沙面与上海外滩同期，上海外滩历经三次大规模改造成为东方华尔街，而沙面则基本保持不变，较为完整地保留了19世纪的欧陆风情风貌。中华人民共和国成立后，在保留原有建筑特色的基础上，沙面不少建筑经过改造修复后成为企业、商业、办公和宿舍区。

　　沙面历史文化街区核心保护区中有54栋建筑被列为全国重点文物保护单位，其中有37栋私房、16栋直管公房。广州市对岛上80多幢建筑实行了全面保护，重点修复整理了10多幢，沙面岛也随之成为一个美丽的西式建筑大观园（图3-11）。

图 3-11　沙面多元文化地标群

图片来源：梁伟东　摄

## 3.1.3　空间与文化传承秩序的形成

### （1）空间秩序是体验城市特色的基础

　　城市特色是指城市空间与城市文化的交融，具体而言，是城市物质形态特征、社会文化和经济特征的综合反映和集中体现，并传递出一种积极的导向。在一定的时空条件下，通过感知城市符号系统所提供的差异性特征和关系，以及在此基础上展开想象，观察者能理解并解读该城市在文化层面所特有的意义。

　　城市空间秩序是体验城市特色的基础，有序的城市空间与格局可以彰显城市山水特色，形成建筑与山水的对话关系，还可以建构城市文化秩序，强化人们对城市的认知，加强城市认同感。

### 案例：华盛顿中轴线

　　华盛顿中轴线通过绿地景观、道路的塑造界定线形的轴向空间，串联国会、白宫、华盛顿纪念碑等重要节点，国家和政府机构、博物馆和美术馆等具有纪念意义的公共建筑分布于轴线两侧（图3-12）。而高45m的国会大厦则为华盛顿市的建筑高度定下了"规则"——所有建筑高度均不许超过它，并采用古典柱式统一建筑风貌。华盛顿轴线通过高低起伏、开敞围合等手法，形成气势恢宏而又独具特色的空间序列，体现着首都的景观和文化特征。

图3-12　华盛顿中心区轴线

### （2）城市空间秩序的构成

　　发挥好地标的功能组织效应和丰富的意象内涵，对城市的整体文脉和景观格局进行统领，进而构成城市的空间秩序。通过不断地优化功能组织，在地标系统与城市空间建立高效的反馈机制，可以不断提高系统品质，推动城市焕发生机。

首先，用地标夯实城市空间秩序的重心和基础。以城市地标系统与城市景观之间的关系为切入点，在塑造总体城市景观的过程中，城市地标系统成为城市界面的重心，并处于核心统帅地位，起着无可替代的作用。作为视觉观赏的主要对象，城市地标因其景观统一性，在环境背景中尤为突出，有助于理解环境空间的结构秩序，建立起联系人工与自然的桥梁。从城市文脉传承角度而言，城市地标作为构筑城市空间结构的基础和关键点，对于记录、承接、展示城市文脉的延续和发展具有特殊的文化价值。

## 案例：广州塔

广州塔（又称广州新电视塔、"小蛮腰"）作为广州地标和城市窗口，实现了对中央活力区的统领。该建筑伫立于广州市海珠区赤岗塔附近，濒临珠江，与海心沙岛及珠江新城隔江相望，塔身主体高454m，天线桅杆高156m，塔身最细处在66层，是一座以观光旅游和文化娱乐为主，兼具广播电视发射功能的大型城市基础设施。广州塔的位置位于广州中心区花城广场的正南方，两者的关系相伴相生，互相成就。花城广场的设计使广州塔的主要观赏点由南部转向北部，为广州塔南广场建设和南部环境建设降压，良好的距离为广州塔的观赏提供了绝佳的位置；广州塔的设计为花城广场提供了一个良好的对景，增加了花城广场的趣味性和观赏性，也提高了花城广场的活力（图3-13）。

图3-13　广州塔与珠江新城的关系

其次，城市地标系统指挥着城市空间的韵律。城市地标应在空间和表现上富有层次感，使城市空间格局稳中有变，既能让城市级地标引领主旋律，又与相对独立的次级地标交相附和。在城市整体空间环境下，采用能体现空间尺度的指标来划分地标，以实现城市地标系统功能的优化。

## 案例：陆家嘴与外滩区域的地标体系

陆家嘴区域的城市地标系统规划将东方明珠塔放在边界处，形成强烈的区域形象标志。陆家嘴金融贸易区虽和外滩仅一江之隔，但在区域空间结构和地标形象上却相差甚远。外滩呈现出中式和西式的历史文化地标形式，而陆家嘴金融中心区则呈现为高速发展和高度进步的现代城市面貌（图3-14），在城市意象中形成一种隔江对望的空间形态。外滩的万国博览会和陆家嘴的东方明珠、国际会展中心、港务大楼等都濒临黄浦江，以河流为界的两边城市地标系统以及它们所形成的城市空间形象产生了强烈的对比。在感受两边的城市空间和地标系统时，也能体验到不同的城市文化和城市面貌，形成多个视点和不同的意象特征。

图3-14　外滩与陆家嘴

再次，使地标成为城市多样化活力空间的焦点。近年来，城市中心的重要地段——多向高度混合的中央活力区快速发展。中央活力区可以为广大市民提供精神上的"调节"与"心理补偿"。中央活力区的建筑个性较为鲜明，但若缺乏合理有序的安排统筹，其整体形象会显得凌乱。因此，需要对中央活力区的开敞空间进行有效组织，在体量和形象等方面统领该地区的地标建筑，从而加强环境的整体感。

**案例：伦敦眼**

伦敦眼位于伦敦泰晤士河南畔的兰贝斯区，面向坐拥国会大楼与大本钟的威斯敏斯特市，所处地区为伦敦的中央活力区之一（图3-15）。伦敦南岸地区为目前欧洲最大、最具标志性的后现代文化中心之一，北岸的威斯敏斯特市是拥有威斯敏特斯教堂、大本钟、白金汉宫、杜莎夫人蜡像馆等世界著名古迹和景点的中央活力区。

图3-15　伦敦眼与周边建筑群的关系

位于泰晤士河南岸的"伦敦眼"是为庆祝公元 2000 年（千禧年）而兴建的高 135m 的摩天轮，目前已成为伦敦的重要地标之一。伦敦眼具有现代气息，反映了城市新的变化，是一种现代城市的特征、创新城市的形象。带有明显的娱乐场气息的伦敦眼，"调皮地"与周边及对岸严肃的古迹建筑群面对面，通过其特殊的体量、造型，强化了视觉感受，对整个中央活力区的建筑群进行统辖，使得该地区空间更加有序。

与中央活力区配套的各类居住、产业等单一功能区，地块面积较大，一般以趋同性为基本特征，呈现出较为明显的功能主义色彩与大众风格。如果通过景观廊道营造，形成与城市地标的对话，或者构建次一级特色城市地标，可以打破区域环境的单调，活跃区域的气氛。

## 案例：纽约维瑟尔塔

维瑟尔（Vessel）塔位于纽约曼哈顿上西区的一个老火车站改造成的社区（哈德逊园区），是一处 16 层高的圆形楼梯，拥有 2 465 级台阶和 80 个楼梯平台，通过将台阶之间的虚空间打开来创建一个三维的格架，从而创造出总长超过 1 600m 的步行路径（图 3-16）。维瑟尔塔是一座造型独特的建筑艺术品，成为哈德逊园区的地标，为该地区提供了充满乐趣的社交场所，大大活跃了园区的气氛。

图 3-16 维瑟尔塔

图片来源：黄鼎曦 摄

同时，地标具有重要的意象和文化象征意义。城市地标的视觉识别因素从本质上反映着一个城市的形象、性格和特征，通过潜移默化的影响，使人们在脑海中逐渐形成一套可区别于其他城市以及加深城市记忆的视觉符号系统。同时，视觉识别因素也是城市内涵的集中体现。对于市民而言，发挥统领性作用的城市地标，充分弘扬、宣传其承载的精神文化价值远比使用价值重要。因此，需要抓住"形胜于物"的重点，特别关注和突出城市级地标的表达形式、深层蕴含以及象征意义。

## 案例：巴黎卢浮宫的"玻璃金字塔"

美籍华裔著名建筑师贝聿铭设计的玻璃金字塔大胆融合了现代艺术风格和现代科技手法，玻璃金字塔与卢浮宫紧密联系在一起，是现代技术与历史建筑的完美结合，成为巴黎引以为傲的古老和现代完美结合的标志（图3-17）。

图 3-17  巴黎卢浮宫
图片来源：丁镇琴  摄

## （3）城市新空间秩序产生的机制

从众多城市建筑物或构筑物中脱颖而出成为城市地标，必然在景观、空间、功能和文化等方面具有较大优势。若其中某一优势十分突出，该建筑就很可能成为部分市民所认同的城市地标；若多种优势兼而有之，则知名度将更高，成为家喻户晓的城市地标。世界著名的城市地标，如北京故宫、巴黎埃菲尔铁塔、美国自由女神像为世人所熟知，皆因其同时具有多种优势，与众不同，这样的优势需要人类社会和自然景观长期互动，人文与生态资源长期积淀，才能产生。因此，地标不是"打造"出来的，是顺应城市发展趋势，因势利导，谋定而后动的结晶。

中外城市地标的演进和形成机制有所不同，也体现了不同的文化哲学理念。历史上中国曾把建筑看作阶段性的事物，西方更早地对建筑的永久性加以重视。西方建筑史被认为是石头的史书，中国建筑史则是木头的诗篇。我国传统的重要建筑物，以严谨的形制凸显其地位。随着现代建筑材料、建筑技术不断推陈出新，我国的新地标建设也早已进入了"百年大计"标志建筑的阶段。如何在现代建筑语境下，传承中国传统建筑文化哲学理念，是地标营建过程中需要高度重视的问题。

1 王建国：《城市设计（第 3 版）》，东南大学出版社，2018，第 25-26 页。

### 案例：东西方对待建筑的不同

在历史上，北京初建于唐代的幽州城，辽代升格为"南京"，成为边疆的一个区域中心。12 世纪，金国攻败北宋，在辽"南京"的基础上，模仿北宋汴梁的城市形制，扩建为"金中都"。元大都时期的北京，由原来的位置向东北迁移，以北海和中海为中心建造宫殿，城市则围绕皇宫布局为正方形，用地规模大于金中都。14 世纪，朱元璋"缩城北五里"，建了今天的北城墙；15 世纪，明成祖朱棣迁都北京后，为建衙署，又将南面城墙向南扩展，由长安街移到今天的位置。经过这两次建设，北京城向南移动了 1/4。同时，还将原南北中轴线向东移动了约 150m，正阳门、钟鼓楼也随之迁移。这样，从正阳门到钟鼓楼的中轴线便彻底贯通（图 3-18）。[1]

西班牙圣家族大教堂是巴塞罗那的地标，始建于 1882 年，后由西班牙建筑师安东尼奥·高迪于 1883 年接手主持工程，高迪将自己的建筑设计风格、哥特式和新艺术运动的风格融入项目中。项目建设工程前后历经 130 多年，目前仍在建造之中（图 3-19）。

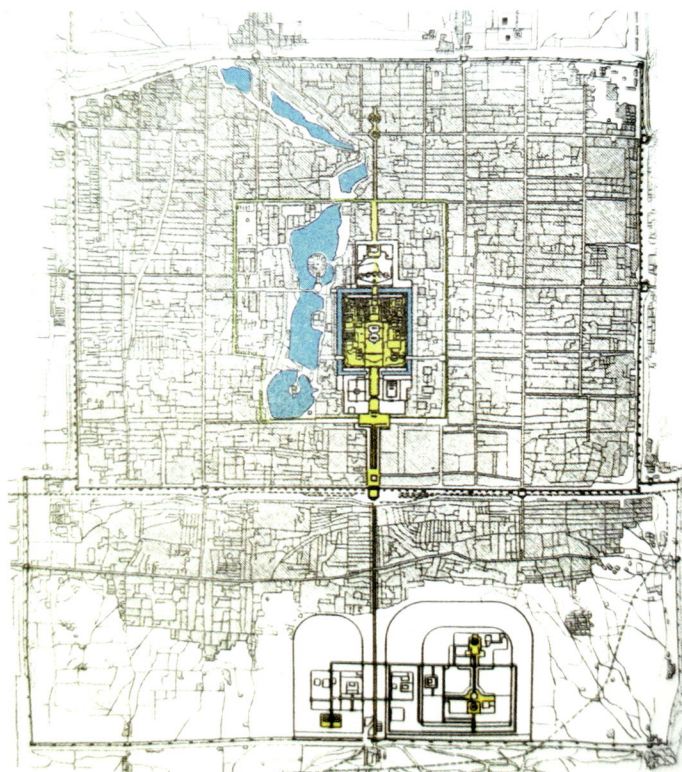

图 3-18 明清北京城
图片来源：王建国：《城市设计（第 3 版）》，东南大学出版社，2018，第 26 页

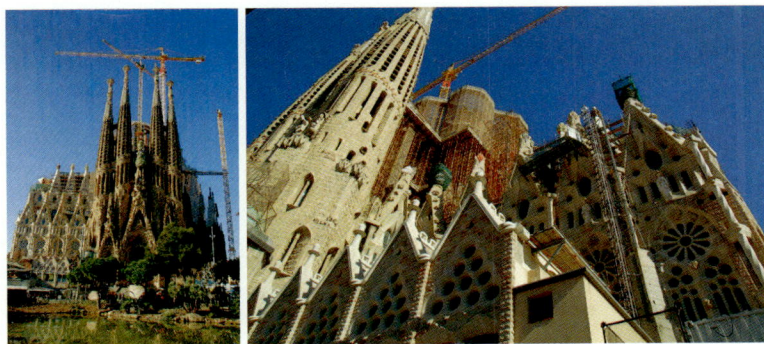

图 3-19 在建的圣家族大教堂
图片来源：李睿 摄

### 3.1.4　旧城保护是文脉传承的底线

世界上每个城市都有着自己独特的、多样的和丰富的文脉。城市文脉既包括城市的自然环境特征，也包括当地的人文环境特征，是一个综合自然地理基础、历史文化传统和社会心理积淀的整体。注重文脉，要注重与城市内在本质相关联、相影响的背景与环境。具体而言，一切对城市的产生、发展及对城市形态产生决定性影响的显性或隐性的事物，都可以列入城市文脉的范畴。

城市文脉可以加强城市的整体性，可以提升城市的品位，并能使人们产生共同的场所感，从而提升认同感。历史文化是城市空间形成、变迁的核心动力，城市空间则是历史文化的物质表征，这便是历史文化对城市发展的"根源"作用。当一座城市能够传承、延续时代变迁中累积而成的文化精髓，便能形成其独有的个性与特色。然而，随着现代城市的快速发展，城市也在不断增长。城市中的历史区域，诸如历史文化街区等，在城市中的绝对比重在不断缩小。而大拆大建后的城市，将使城市的文脉消失，城市也就失去了其自身的个性，更谈不上对历史文脉的体现与传承，走在其中的人们也会失去心理上的关照。因此，城市文脉的延续与维护就成为城市设计的基本原则。

---

**案例：苏州古城与新区的文脉延续**

苏州古城始建于公元前 514 年，距今已有 2 500 多年历史，城内仍保持着"水陆并行、河街相邻"的双棋盘格局，"三纵三横一环"的水系布局以及"小桥流水、粉墙黛瓦、史迹名园"的独特风貌（图 3-20）。

1992 年，苏州市政府作出"依托古城，开发新区"的重大决策，1994 年中国与新加坡两国政府签署协议，在苏州合作建设苏州工业园区。在贝聿铭、吴良镛、周干峙、齐康等著名建筑大师组成的规划咨询委员会的指导下，苏州新区展开了规划建设。工业园区的规划围绕着面积大于杭州西湖的金鸡湖进行编制。在建筑风格上融入浓厚的地方特色，新城的建筑在空间处理、材料使用等方面，都与传统风格遥相呼应，以江南民居的黑、白、灰为主色调，巧妙利用城市水脉将新城与古城紧密联系在一起。园林景观是苏州的一个特色，设计者充分将园林景观引入新城街头闹市、厂区新村，使苏州园林与园林苏州成为一个有机整体。通过东园、西区的迅速发展，苏州从古城区中一跃而出，实现了城市扩容增量的蜕变，在保护中不断发展，在继承中持续创新，形成了"一体两翼"的全新城市格局。

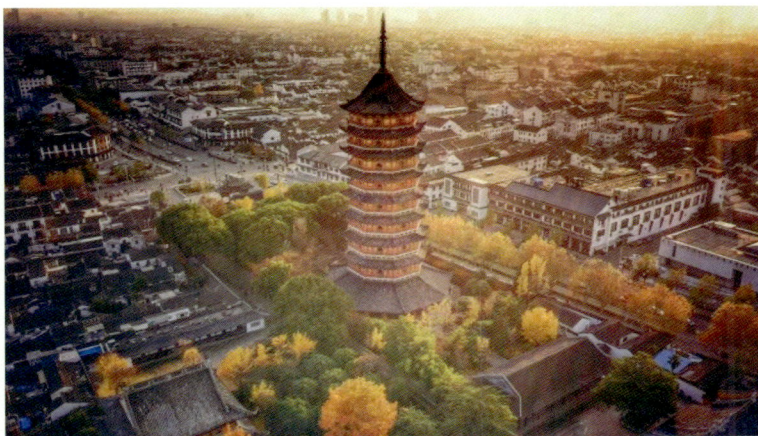

图 3-20　苏州古城

城市文脉是一种无形的力量，不可触摸却又无处不在，渗透在城市空间发展的各个阶段与方面。

在设计或改造旧城区时应注重历史文脉的延续性，具体而言就是尊重城市传统，善待城市历史，对各类城市历史风貌要素进行保护，尽量保留历史文脉的载体，并加以保护和维修，使之成为传承城市文脉的纽带。旧城中的历史传统建筑、文化标识物，应尽量予以保留和保护；而功能形式濒临淘汰的建构筑物，应以开放的态度对待，通过更新改造，赋予其新的功能和象征意义，这也是规划设计中对城市传统和文化进程的尊重。如今，在我国快速城市化进程中，更多的旧区面临改造和更新，在对待其现状肌理时，应尽量保留时光流逝的痕迹，秉持保护性更新和再利用的理念，使之在未来也能发挥应有的功

能和保持自身的历史意义。这种观念和做法符合城市更新代谢的基本
规律。

　　在设计新城区时则应注意新旧城市文脉的联系，需要充分结合地
域文化，尊重地域特征，延续历史风貌，强调在横向空间维度上的呼
应与衔接，使现代元素与历史元素有机融合，能够和城市旧区产生文
脉延续与对接。

**案例：广州珠江前航道的城区文脉延续**

　　广州自秦汉至今经历了面江发展、跨江发展、沿江发展、战略拓展和聚
焦发展五个建设阶段，以岭南文化、海上丝绸之路文化为主题，沿珠江集中
体现了城市轴线和功能布局的变迁脉络，积淀了传统与现代交织的全景式城
市文化空间体系。广州以珠江母亲河为纽带，构建了三个十公里的具有不同
时代特色的风貌区："西十公里"以"回顾"为主题，形成中西交融、呈现城
市变迁的花园式滨水长廊；"中十公里"以"提升"为主题，形成多元现代、
展现大都市文化魅力和创新集聚特色的岭南水岸；"东十公里"以"创新"为
主题，形成生态低碳、凸显活力与开放的现代化港城（图3-21）。

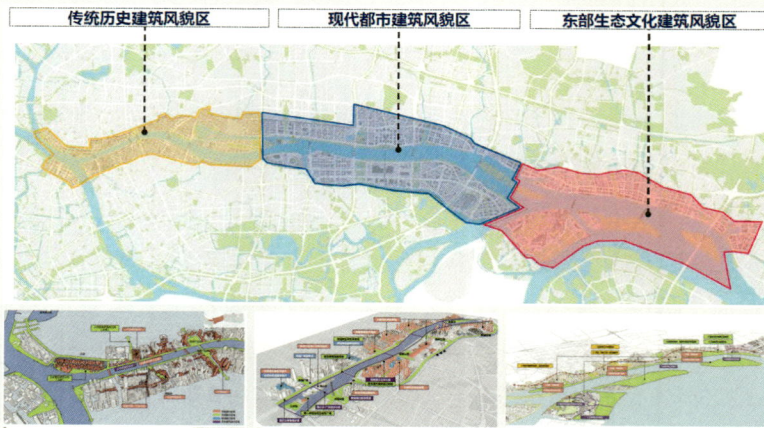

图 3-21　广州珠江前航道城市设计

图片来源：《珠江景观带重点区段城市设计与景观详细规划导则》

# 3.2 城市空间的缝合

城市中的传统空间与现代空间处于动态的演进更替之中。某一时期的现代空间，随着历史长河的流淌，也将成为传统空间的一部分。

脱离传统文化，盲目地以某一时期流行的审美观为标准进行大拆大建，城市的发展则会脱离特色根基，成为现代主义理念主导下"批量生产"的城市模型。因而，城市设计必须传承传统文脉，加强传统要素与时代特征的融合，既要彰显时代特征，同时也要延续传统文脉。

## 3.2.1 新旧城区风貌的缝合

我国城市在城市化快速发展中，曾出现不少大拆大建的现象，旧建筑被成片拆除，"连根拔""一锅端"时有发生，而许多新建筑罔顾地理、环保、人文、自然等各方面的因素，为了突显政绩、树立形象工程，按长官意志强行开发，圈地建区、大批建厂等现象屡见不鲜。在此之后，由于观念的转变，城市发展逐渐转向类似西方发达国家经历过的"城市美化运动"，城市设计也由20世纪80年代"文化街""商业街"的复兴和新建开发区的畅想，转向城市广场、绿化长廊及都市中心区的环境美化设计。[1]然而即便是有特色的城市广场、绿地，其选址和设计也未对城市特色和居民的行为模式进行深度的考察，不是设于政府门前，便是设于交通节点处，或设于远离市民生活的空旷地带，仅仅成为城市的橱窗、花瓶。在许多城市都可以见到不少分散的有特色的环境设计，却更期待关乎整个城市问题的系统建设和更新。

1 陈纪凯、姚闻青：《城市设计的策动作用》，《城市规划》2000年第12期。

## 专栏：盲目建设超大尺度的大转盘、大广场

在 20 世纪八九十年代经济快速发展的背景下，很多城市为了突显政绩，盲目追求气派、豪华，不顾城市原来的空间尺度，建设各种超大规模的大转盘、大广场，却严重破坏了城市原有肌理，同时也不便于人们使用（图 3-22、图 3-23）。

图 3-22　超大规模的大转盘

图 3-23　超大尺度的广场

图片来源：百度街景

尊重地域特征、延续历史风貌强调的是历史文化在城市发展时间轴上的动态性与连续性。现代城市新区发展必然有新的元素加入，但同时不能割断与传统地域文脉的联系。

尊重地域特征、延续历史风貌同样强调在横向空间维度上的呼应与衔接。新区在城市设计过程中，需要充分结合地域文化，使现代元素与历史元素有机融合，能够和城市旧区产生文脉延续与对接。

## 案例：南浔古镇

南浔古镇位于浙江省湖州市，素有"水市"之称（图 3-24）。南浔古镇密布的水网带来独特的城镇格局和经济文化，最具特色的城镇格局即"十字港"。整个古镇临水而建，没有固定的形式，而是随着河流的朝向蜿蜒前行，形成一种人与自然相处的模式，通过自然与生态环境体现古镇风貌。在清末民初时期，西方文化逐渐渗入国内，浔商在对外贸易中接受西方文化，将西洋文化融入当地的园林和建筑中，形成南浔古镇独具特色的风貌。

图 3-24　南浔古镇

图片来源：南浔政府门户，http://www.nanxun.gov.cn/zjnx/index.html

在考虑当代城市风貌的问题时，机械地拘泥于地形地貌、山水格局、生活方式和经济水平的现实条件，或者激进地以新经济、新文化、新形式、新技术为手段，强行修改传统规则，都是片面而不可取的。因此，在深刻理解原生规则的基础上，才能植入新事物，做到使两者协调配合，达成新旧在空间上的协同效应。

例如巴黎，以保持连续性作为风貌营造的基本原则，实现了城市新旧建筑物的协调。游客在参观保存完好的历史遗迹的同时，还能徜徉于巴黎那些极具城市风情的街道美景中。

**案例：巴黎檐口线的连续性**

为了保护富有传统特色的城市街道景观，巴黎针对一些传统街道和重要道路，在控制沿街建筑体量轮廓的基础上，通过不同颜色和线型的表达，作出保持建筑檐口高度统一和立面投影连续的规定（图 3-25）。

97

图 3-25　巴黎城区
图片来源：丁镇琴　摄

### 3.2.2　新旧城区肌理的缝合

　　城市肌理是当地政治、经济、社会、文化的物质表征，城市肌理演变的背后实则反映的是时代的变迁、生活需求的转变。传统高密度、小尺度的城市肌理，产生于以步行、小商品经济为主的封建时代；而现代大规模、大尺度的城市肌理则产生于机动交通、工业经济主导下的新时代。

　　传统肌理与现代肌理之间的差异是存在的客观事实，相较于新城，传统肌理是空间与当地居民生活长期磨合下形成的城市形态，如传统的街巷尺度、组织形式、院落布局等，背后蕴藏的都是居民日常生活的逻辑，因而，在城市设计中不能为了满足现代发展的需求完全推平传统街区。与此同时，现代人的交通、生活方式相较于以往有了很大的改变，传统肌理难以完全满足现代人的需求。因而在城市设计中需要着重考虑两者间的协调共生，考虑如何调整传统肌理以满足当代生活需求，现代肌理如何融入传统元素，新旧兼容并济。

　　传统肌理与现代肌理的融合，还需要发挥轴线的重要作用。轴线是城市结构的骨干支撑，对城市的发展影响深远。一方面城市轴线影响城市空间的布局模式，对于城市其他空间元素的排列具有较强的主导作用。另一方面城市轴线能够充分体现城市发展中传统与现代结合的动态复合性。传统城市轴线主要象征政治权力，然而随着时代的更迭，政治、经济、社会背景都发生了巨大的转变，城市轴线的意义在不同时代也被赋予了不同的功能与意义，成为不同时期城市政治经济等多元形态的物化载体。因此，在城市设计上，城市轴线的设计处理要注重城市轴线在现代城市结构中的多重意义，融合古今元素，展现现代城市文化风貌。

**案例：香港湾仔地区传统肌理与现代肌理的融合**

　　香港湾仔地区是一个新旧并存的特色地区，在旧区的更新活化中尊重原有肌理，保留原有的街巷尺度，在狭窄的地块中提供公共空间，将有价值的传统建筑更新活化作为现代艺术社区文化。不管是在新建的区域还是原有传统区域，均保持街道的连续性与活力，并且街道两侧往往作商业用途，且多为小店面，类型丰富，形成公共生活的橱窗，使街道成为适合人活动的连续的公共空间。新旧两个区域则通过宜人的街道、连廊进行连接，甚至部分连廊从传统街区可以直接进入现代建筑内部，有效地将传统街区与新建的大尺度街道联系起来，实现传统与现代的和谐共生（图 3-26～图 3-28）。

图 3-26　香港湾仔地区新旧肌理的融合
图片来源：香港规划署三维实景模型，https://www.pland.gov.hk/
pland_sc/info_serv/3D_models/download.htm

图 3-27　香港添马政府总部平面图

图片来源：https://www.archdaily.com/481237/hksar-government-headquarters-rocco-design-architects

图 3-28　香港添马政府总部及毗邻的传统街区

图片来源：黄鼎曦　摄

**案例：北京中轴线**

    北京中轴线融汇古今，历经元、明、清、民国，直至中华人民共和国成立，后顺应时代的变迁，继续往北往南延伸，中轴线上从原有的传统建筑、皇家园林，逐渐出现政治文化广场、文化宫、博物馆、城市人民公园、体育场馆等公共场所以及现代化商务居住中心，形成传统与现代交融的三个中心——以天安门广场为主体的政治文化中心、以奥林匹克公园为主体的文化商务中心以及以南苑新城为主体的商务居住中心，体现了北京城市发展的历程（图3-29）。

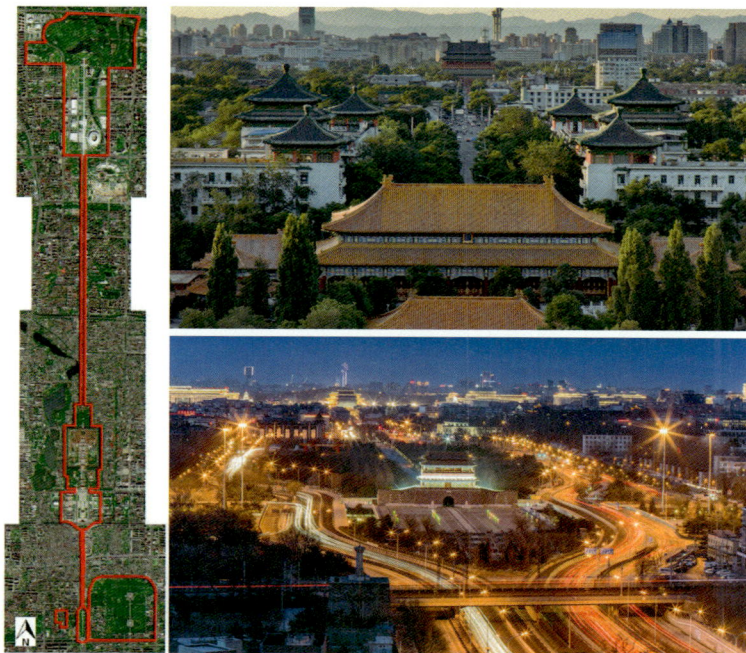

图3-29　北京中轴线

图片来源：左图，袁琳溪：《20世纪以来北京与华盛顿城市中轴线空间发展比较研究》，北京建筑大学硕士学位论文，2011年

## 3.2.3　新旧城区边界的缝合

    城市边界要素具有实虚两层意义。实体要素是城界，包括城墙与

护城河等，呈封闭围合的状态，构成城市的平面轮廓；虚体要素是河界与山界，是城市与自然的交接线，称为"河岸线"与"山角线"，是城市景观特色的重要体现。

城市发展的初期，城市边界限定了城市形态的雏形，并在城市未来的发展中一直发挥潜移默化的作用。城市边界是城市历史格局的"保护壳"，即使随着时间的推移，城市边界的实体轮廓消失，在整体城市格局中依然会留下轮廓印记。

随着新城区的建设，城市中的传统空间会不断地被现代建设挤压、侵蚀，传统历史文化空间在城市空间中的实际比重不断在缩小。因而要处理好新旧城区的边界，既要保护传统老城区的物质空间，也要不断扩展并延伸传统文化空间的影响力，对新城区进行渗透，带动周边片区、区域文化发展。在城市设计中，往往可以通过柔化边界的方法，在新旧城区之间，依托水体、山体等自然要素，建设公园、绿道等可进入的公共空间，或者通过边界的交通系统，将新旧城区有机地联系在一起。例如，合肥、西安、济南等城市，在原旧城墙的基础上，结合古护城河，修建开放式的环城公园，通过开放的公园来柔化新旧城区之间的边界，使新旧城区有机联系、互相渗透。

### 案例：合肥环城公园对新旧城区边界的柔化作用

合肥古城墙建于南宋时期，一直保存到 1951 年。后陆续拆除，修建环城公路并种植林木，形成了与护城河并行的环绕老城区林带。合肥环城公园在古城墙护城河旧址上兴建而起，与古城墙、护城河紧密相连，将合肥老城区环抱其中（图 3-30）。公园总长 8.7km，总面积 137.6hm²，其中有 52.6hm²的水面。环城公园利用地形地貌，形成了西山、银河、包河、环东、环北、环西 6 个不同的景区，将自然要素与传统文化融合在一起，柔化了合肥传统城区的边界，为新旧城区提供缓冲地带，使新旧城区互相渗透，并且园城交融、浑然一体。

图 3-30　合肥环城公园与老城新貌

## 3.2.4　生产空间与生活空间的缝合

　　工业化曾是全球城市化的主要推动因素，工业化时期城市的功能区往往聚集从事固定产业的单一人群，并且生产与生活空间相对独立。过去的这种生产空间、生活空间相分离的模式已经不合时宜了，这种城市二元结构带来大量的通勤交通，导致并加剧城市拥堵问题，压制生产性服务功能的形成与发展。因此，不同尺度的城市设计，均需以人为出发点，通过设计手段来促进产城融合，终结城市二元结构。

### （1）建立提供生态调节功能的缓冲空间

　　提供生态调节功能的缓冲空间是指设计与城市环境、形态、建筑群相互契合的整体布局，在生产空间与生活空间之间建立一个以生态环境为主体的缓冲区域，可提供具有调节功能的城市局地气候环境。在城市空间格局规划中，应充分发挥自然山水与城市空间相融合的优势，利用绿色生态设计基本原理，做到"留出空间，组织空间，创造空间"。在此基础上还要建立山体、水体环境等与城市开发建设区域之间的自然梯度，合理安排不同层次的生物气候缓冲空间，形成点、线、面合理分布的空间格局，并与城市景观连续性、城市风道、城市局地气候等诸多因素相互协调。值得一提的是，在城市滨水区域设置生物气候缓冲空间，将对增加城市局地大气环流以及增氧泄洪等具有

103

重要作用。同时，依托线性的河流、绿带等形成生态廊道，渗透到生产空间与生活空间中，将生产空间与生活空间连接起来，形成互相融合的网络体系，实现空间生态化的"软缝合"。

## 案例：广州科学城

经过 20 多年的发展，广州科学城已经迈入产城融合的科学发展阶段。科学城历次规划设计都一脉相承地延续了生态优先的发展理念，保留了以"十四峰"为主体的生态本底，并对生态空间加以开发利用，建成形式多样、功能多元的公共空间，如体育公园、玉树公园、科学广场等综合公园和城市广场，通过自然山水的过渡，将生产、生活空间连接起来，形成相互融合的有机整体（图 3-31）。

图 3-31　广州科学城建设实景

## （2）复合交通，促进产城互动

加强产城间各种交通衔接，建立便捷的联系网络，引导交通无缝连接，加大道路网密度，实现高效的交通组织。建立舒适的慢行系统，提高相互间的连通性。

## 案例：新加坡纬壹科技城交通组织

纬壹科技城位于新加坡西南的波那维斯达（Buona Vista）地铁站附近，对外交通便利，距离中央商务区（CBD）约20分钟车程，同时可以便捷地到达机场和港口，快速路和地铁可以通达全岛。区内的核心功能区、生命科学园、咨询传媒城、多功能开放空间均距离地铁站点较近。

纬壹科技城在交通设计理念上追求行人、骑行、私家车、公共交通替代方式之间的平衡，原则是汽车、公共交通和行人应在一起，它们的共存丰富了街道，维持了互动的网络（图3-32）。贯彻"以人为本"的出发点，精心设计店前停车场、公交车站、人行横道和交通路口，有效处理行人生活与交通基础设施（如高架桥梁和无车街道）之间的关系。波那维斯达公园蜿蜒穿过科技城中央，为休息的行人网络提供了一个重要的通道。提倡无门社区，每个地块都需要提供一定比例的公共通道，公共区域穿过私人地块，与其他正式的社区空间相连接。各种各样的公共空间和道路提供了丰富的公共体验，将园区内工作、生活、娱乐、学习等不同功能有机连接在一起，形成多样的充满活力的科技城。

图3-32　新加坡纬壹科技城便利的交通体系

图片来源：https://www.jtc.gov.sg/industrial-land-and-space/Pages/one-north.aspx

### （3）统筹设施配置，实现园区与社区的互动

强调生产、生活、生态三大功能的平衡，并加强公共服务配套，实现其他功能的一体化发展。在园区生产的基础上，导入生产性服务业，以及居住、研发、创新、休闲娱乐等功能，实现生产园区向综合功能的模式发展。加强园区内部设施配套，强化产业园区的社区化功能，提升新城新区产城融合的水平。

**案例：深圳市软件产业基地**

深圳市软件产业基地作为"高新产业加速器"，为创新创业企业提供办公场所的创新园区，强调多种功能的产业化并置，包括办公、商业、居住、休闲等功能。根据创新产业的特点，园区通过各种手段创造交流、独处、活动的场所，鼓励多种交往活动。例如，设置开敞边庭系统，为使用者工作之余提供休憩交往的场所；通过各种连廊、地上地下通道构建多层次的空间连接系统，提高空间的可达性，将办公空间、居住空间、休闲空间有效连接；沿街街道空间进行架空处理形成骑楼空间，有助于丰富街道生活的场景。种种设计手段，营造了一个24小时开放的都市公共空间，也创造了参与性强、多样性、多元化的城市空间（图3-33、图3-34）。

图3-33　深圳市软件产业基地效果图

图片来源：深圳湾科技发展有限公司，https://www.szbay.com/xuni_jj_8.html

图 3-34　深圳市软件产业基地
图片来源：丁镇琴　摄

# 3.3　时代脉搏的把握

随着科技的进一步发展，20 世纪末以来，知识经济、创新经济成为经济结构中的主导力量，创新成为世界各大城市的核心驱动力，与此同时带来的挑战是生产生活方式改变带来的对新空间的需求。如何把握新时代的脉搏，正确理解新时期的生产生活方式，顺应时代需求，创造适应的城市空间，改造存量空间，成为新时代城市规划的重要任务。

### 3.3.1　面向未来的城市特征及设计应对

#### （1）生产生活方式的重大转变

城市经济结构与业态革命性的发展，最终带来生产生活方式的颠覆。

首先，新技术与新经济的活跃发展，带来经济的变化。创新发展使得城市的经济形态从围绕特定产业上下游拓展的传统模式转向多种产业交织在一起的创新模式。各种创新活动无界限地集聚在一起，使各种不同类型的产业在空间上实现深度交融，这需要新的产业空间作为支撑。

其次，人的需求与生活方式发生了巨大变化。在信息技术与互联网技术的推动下，各种创新、创业人才的生活与工作变得更加灵活，同时也需要更多的非正式交往，创新产业将吸引多元的人才汇聚在一起。生活方式与工作模式的变化，对工作空间和城市功能提出了新的要求，推动着生活、就业、学习、休闲娱乐等多种功能深度融合，从而推动集合多种功能的新空间出现。

最后，创新的经济生产方式与人们生活方式的改变，必然带来城市空间的变化。产业与业态的变更，导致人们生活需求发生重大的变化，对传统城市设计方法提出了新的命题。特定的功能区或者各种单一功能的空间转向追求功能混合的开放空间，而纵向维度则打破传统的单一功能建筑的限制转向多功能的综合体，横向维度则产生小尺度的、多功能的 24 小时社区等。

---

**专栏：创新经济对工作场所提出新要求**

由于有着不同的业务规模、新生本性、动态的生命周期、不同的知识产权类型以及特定的互动形式，导致新型创新空间的用户有着高度专业化的场所需求。同时，这些创新企业对工作场所的灵活性、混合性、开放性、共享性等需求是一致的，从而对场所设计也提出了新的要求（图 3-35）。

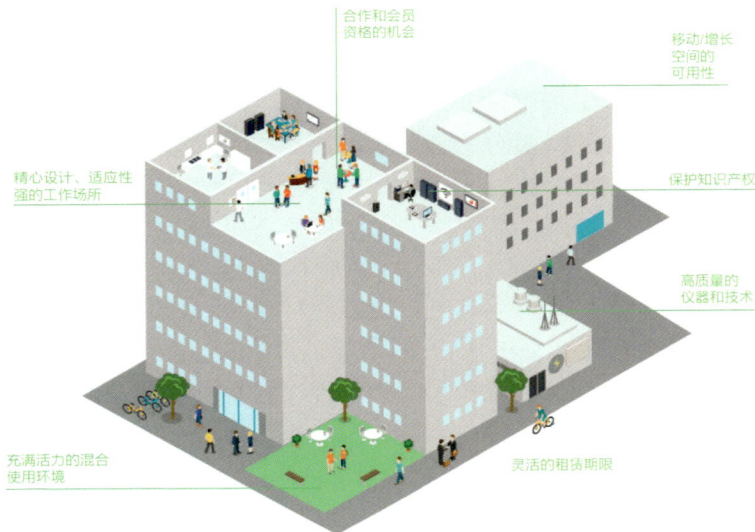

**图 3-35　创新场所的需求**

图片来源：Tim Moonen，Greg Clark，*The Logic of Innovation Location*（London：The Business of Cities and Future Cities Catapult，2017），p.7.

创新活动的不断增加，加快了产业融合与多元人群聚集，从而推动城市格局的变化。在信息技术深入日常生活的过程中，人们的生活方式发生巨大的变化，城市空间也因为新维度的增加而变得日益复杂。通信技术与互联网文化的革新正在重塑城市空间的内涵、形态，催生城市空间新形态，如英国伦敦国王十字地区、广深科创走廊、巴塞罗那 22@、曼彻斯特机场城市企业区以及各种创意园区、创客空间等不同类型的以创新为导向的城市新空间。

基于创新发展的空间，总的来说可以归纳为创新源、精英空间、孵化空间，创新空间具有产业周期趋短化、要素来源多尺度化、空间布局都市区化的特征。[1] 其中，创新源的特征是高校院所或企业的引领性、体制与政策的支撑性；精英空间的特点是宜人宜业的环境，多样、优惠的政策以及齐全和专业的服务；孵化空间的特征是具有高品

1　陈宏伟：《创业者需求视角下的城市创新空间：类型、特征与规划策略》，南京大学硕士学位论文，2018 年。

109

质、便捷、开放的物质空间，创新创业的活力和多主体互动的网络与共享体系。

**专栏：不同类型创新空间的出现**

英国未来城市研究院通过对国际上众多创新区案例进行研究，归纳出九种不同的创新空间类型，这些创新空间规模各异，从 CBD 中单独的一栋楼到远离城市中心的几十平方千米的园区，或是连接几个不同行政区的走廊，它们分布在 CBD 内、中心城区、郊区以及城市外围，分别以各自的逻辑进行集聚和发展（图 3-36）。这些城市新空间，由于创新主体规模不同、所处生命周期的阶段不同、拥有的智力财产类型以及互动形式不同，从而对空间场所的需求也不尽相同。

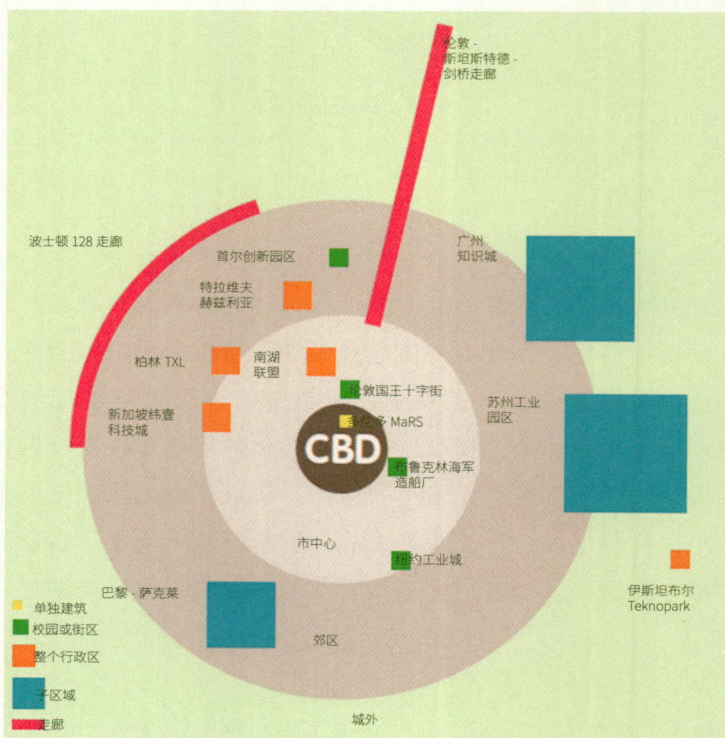

图 3-36　处于不同区位的不同创新空间类型案例

图片来源：同图 3-35

110

总的来看，基于创新发展的城市新空间普遍具有功能复合性、包容性和灵活性的特征，同时拥有高密度、共享性和社会化的服务资源，场所环境往往活力足、可辨识并可传承，拥有智能化、便捷的基础设施和开放的公共空间。所有这些特征通过不同形式融合在一起，对城市设计提出了更高的要求。

### （2）相应的城市设计策略

①功能多元混合，空间开放共享

基于创新人才融合的需求，形成就业、居住、服务等复合功能的空间，注重立体空间的功能混合，尤其是高品质的商务办公、商业服务、公寓式住宅等相融合的综合体。

**案例：伦敦国王十字区**

国王十字区位于伦敦市中心偏北，原是英国工业革命时期工业运输的重要集散地，于 1996 年启动更新计划。该地区占地 27hm²，定位为城市综合体，设计的目的是实现一个吸引人的和清晰的公共领域，一个繁荣和引人入胜的旅游目的地，一个优秀的居住、工作或生活的地方，将功能更新为商务办公、教育、科技创新、居住等，以恢复该地区的活力。改造后，该地区拥有 10.5hm² 的开放空间、31.6 万 m² 的办公空间、近 2 000 个住宅单元（其中 42% 为保障性住房）、46 400m² 的零售休闲空间、一家酒店和教育设施。该地区通过 50 座中等规模的人性化建筑来承担不同的功能，其中，20 座历史建筑被保留并翻新，用作商店和餐馆。另外，1/4 的空间用于文化和休闲活动。而国王十字车站的设计则通过街道、公园、广场、步行区、运河步道、自行车道和步道等互相连接的通道与空间，将区内不同人群的活动联系起来（图 3-37、图 3-38）。

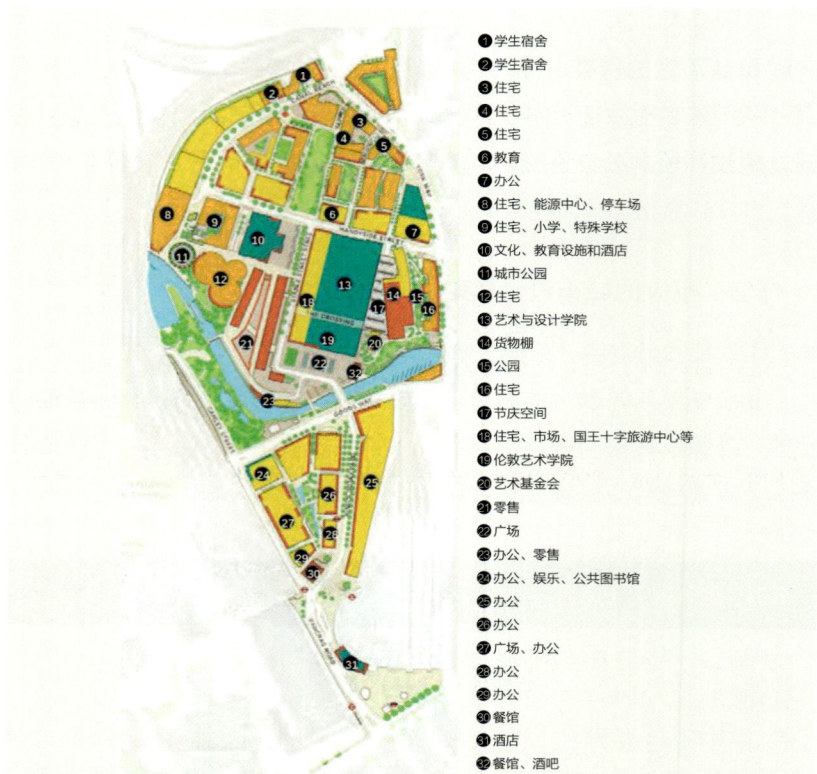

❶学生宿舍
❷学生宿舍
❸住宅
❹住宅
❺住宅
❻教育
❼办公
❽住宅、能源中心、停车场
❾住宅、小学、特殊学校
❿文化、教育设施和酒店
⓫城市公园
⓬住宅
⓭艺术与设计学院
⓮货物棚
⓯公园
⓰住宅
⓱节庆空间
⓲住宅、市场、国王十字旅游中心等
⓳伦敦艺术学院
⓴艺术基金会
㉑零售
㉒广场
㉓办公、零售
㉔办公、娱乐、公共图书馆
㉕办公
㉖办公
㉗广场、办公
㉘办公
㉙办公
㉚餐馆
㉛酒店
㉜餐馆、酒吧

图 3-37 国王十字站周边的土地混合利用

图片来源：Serge Salat and Gerald Ollivier，*Transforming the urban space through transit-oriented development: the 3V Approach*（Washington: World Bank Group，2017），p.138

图 3-38 国王十字区实景

图片来源：黄鼎曦 摄

　　打造人性化的共享型、交互式的工作空间、生活空间和社交空间，以增加交流密度为导向，加大街道、滨水空间、公园等开放空间及相关设施的配置，建构蓝绿交织的开放系统，提高开放空间的可达性，通过场所营造与活动策划，增加人与人非正式交流的机会。

## 案例：旧金山 Salesforce 枢纽屋顶花园

　　旧金山 Salesforce 枢纽顶层建设的屋顶花园是一个多功能空间。公园适当设计动静空间，既可满足人们公共活动的需求，也可为行人提供在自然景观中休憩放松的场所。位于公园中间的中央广场、公园西端的露天剧场是"动区"的代表，可以举办各类演出和小型博览会。而环绕公园供游人漫步的散步道、开放绿地、沿散步道外围布置的小型花园则主要是"静区"，一方面可以欣赏景观，另一方面还可作为不同气候区的植物陈列地，兼具教育功能。枢纽的屋顶公园作为城市共享空间，开设了多个入口点，并可与周围建筑通过连桥互通，成为旧金山市中心区城市公共空间的重要组成部分（图 3-39）。

图 3-39　Salesforce 枢纽屋顶花园
图片来源：https://salesforcetransitcenter.com/salesforce-park

　　②营造高品质的人文绿色环境

　　建立办公地与居住地、公共设施、开放空间、公交站点之间的便捷慢行交通联系，形成紧凑共享的生活圈和工作圈。增加全龄教育机构、精品店、艺术馆、美术馆、创意集市、咖啡馆等新潮的生活配套设施，营造有活力且舒适的第三空间。通过本地特色空间的塑造和本土文化、环境的传承，提升新市民与原住民的参与度和场所认同感。结合滨水空间、旧改空间等特色地区的建设，融合文化艺术元素，建设具有特色的、相互联系的公共建筑，焕发城市活力、提升地区品位。

## 案例：澳洲悉尼绿色广场中心区设计

绿色广场项目（the Green Square Development Area）是悉尼史上最大的旧城改造项目，通过公共中心服务设施的完善与提升带动发展，包括引入顶级水上运动中心、早教中心，营建图书馆和广场、绿色广场、文化社区等设施，形成公共服务中心，完善公共交通，营造高品质生活环境，吸引大量创新企业与创新人才（图3-40）。

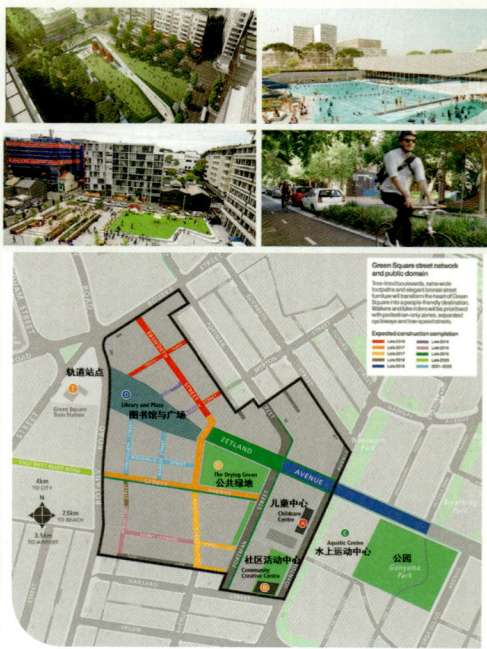

图 3-40　悉尼绿色广场中心区

图片来源：https://www.cityofsydney.nsw.gov.au/vision/green-square/city-of-sydney-developments

**案例：上海 1933 老场坊**

　　上海 1933 老场坊由宰牲场改造而来，保留原有建筑特色，结合其历史风貌，通过植入文化艺术要素置换功能，如将中心顶层改为空中剧院，将内部空间改为时尚发布场所和创意空间等，融入时尚发布、创意设计、品牌定制、文化求知、创意休闲等功能，将历史建筑改为时尚创意设计中心，成为艺术聚集地（图 3-41）。

主楼　　　　　　　　　　　　　内部展厅

夜景　　　　　　　　　　　　　牛道

图 3-41　上海 1933 老场坊

图片来源：1933 老场坊官网，http://www.1933shanghai.com/index.php

　　③精细化智能化的建筑与环境设计

　　确保建筑空间的灵活性，为建筑空间分时、分区的精细化弹性利用提供可能性，保证空间开放无边界，易于随时灵活调整，为未知功能预留空间。

　　利用 BIM、数字模拟等新技术辅助设计。设计过程中，应考虑信息网络、智能化公共服务设施、智慧高效的交通设施等，实现智能化空间设计。

**案例：新加坡杰出研究和技术企业园区（CREATE）设计**

CREATE 是新加坡的一个国际合作实验室，设有顶尖大学与本地大学及研究机构合作设立的研究中心。CREATE 为来自不同学科和背景的研究人员紧密合作、进行前沿研究提供场所。CREATE 总建筑面积为 67 000m²，可容纳大约 1 200 名研究人员，设有办公空间、实验室、供给学生使用的空间、零售等不同的功能，根据不同功能设置空间的层高以及大小，将干、湿实验室分开布局，并且在不同楼层设置便于交流的开放空间（图 3-42）。此外，建筑通过高效的水处理系统、通风系统、太阳能系统、空中绿化系统等节约能源，在实现可持续发展的同时，也为使用者提供便利舒适的空间。

图 3-42　新加坡 CREATE 建筑内部交流空间

图片来源：https://www.create.edu.sg/galleries/photo/page/0/create-laboratory-of-the-year

## 3.3.2　从增量发展走向存量发展

步入存量发展时代，城市更新将成为城市建设管理的重要命题，我们要吸取国内外早期城市更新实践中缺乏公众互动、简单经济平衡、整体大拆大建等教训，重视旧区更新过程中的系统观，通过城市设计构建有机的空间体系，塑造旧区地域特色。

**案例：西方 20 世纪 50、60 年代的高层公共住宅**

20 世纪 50、60 年代，西方许多城市政府为解决中心城区拥挤、低收入人群住房问题而建设了大量高层公共住宅，这些住宅通常是高层板式建筑，整齐划一，密度高，设施相对齐全。后来这些公共住宅普遍出现严重的酗酒、毒品和犯罪等问题。例如，美国圣路易斯于 1954 年建成了供黑人居住的高层公共住宅 Pruitt‑Igoe，由著名现代建筑师、世贸中心的设计者雅马萨奇设计。刚开始由于便捷的基础设施广受入住的居民好评，但很快便开始出现暴力事件，治安不断恶化，最终于 1972 年被拆掉（图 3-43）。事实证明，这些由政府、设计师打造的高层住宅，其居住者往往是底层人群，缺乏对居住者的特征及实际需求的考虑，其配置的公共空间也因疏于打理而迅速恶化，基础设施老化，最终成为犯罪据点，不得不被拆除。

图 3-43　美国圣路易斯 20 世纪 50 年代建成的公共住宅 Pruitt‑Igoe 俯瞰（左）及爆破瞬间（右）

图片来源：美国伊利诺伊大学城市规划与公共政策系荣休教授张庭伟 2018 年 5 月 14 日
在同济大学的讲座《政策、设计、管理：重视公共出租住宅》

城市旧区是一个多元复合的系统，在城市设计中要注重各类要素的归纳分类，建立有特色、有针对性的旧区空间圈层。旧区空间圈层大致可以划分为日常生活圈层、历史文化圈层、商业办公圈层、休闲娱乐圈层几类，各类要素在城市设计中的侧重点有所不同，在空间设计中应加以区分。同时，应强化各圈层特色空间节点，形成核心带动、触媒效应。如在日常生活圈层中以市民日常聚集的市场为原点，结合公共空间设计，共同打造旧区日常生活核心，带动周边区域发展，提升旧区活力。

新时代城市生活、生产方式转变使城市的每个角落都存在改变的必要性，微改造已成为城市建设管理的主题曲。尤其是中心城区的存量空间，由于交通区位、成本和建成环境等多方面的优势，经过更新

1　邱衍庆、黄鼎曦、刘斌全：《创新导向的建成环境更新：从新趋势到新范式》，《规划师》2019年第 20 期。

活化后更能够契合新时代的居住需求，创新与城市更新联动成为新趋势。[1] 因此，文脉传承与创新要素联动、更新地区的共同缔造、智能化辅助更新设计的运用等成为旧城更新设计的重要手段。

**案例：北京坊**

北京坊位于天安门西南约 800m 处，项目范围内原有劝业场、谦祥益、盐业银行旧址、交通银行旧址等多处历史建筑。北京坊的更新改造遵循"和而不同"的建筑风格原则，保留胡同肌理及地标建筑，并采取空中连廊设计，将单体建筑联系成一个有机整体，通过广场和主街形成空间变化，无论是建筑单体还是街道、广场等空间，均注入了现代元素，并在现代艺术中反映历史情景的变迁。此外，区内留有各种场所用于举办露天音乐会、FUN 市集、社区邻里节、国际设计周等文化活动。北京坊将文化、时尚与现代生活进行融合，成为既尊重历史又符合现代人生活方式的旧城更新项目（图 3-44）。

联合办公空间

露天咖啡广场

新旧建筑

空中连廊

儿童活动广场

图 3-44　北京坊
图片来源：丁镇琴　摄

### 3.3.3　城市微改造

相较于以外力干预为主的城市更新，微更新的理念更倡导以内生
动力为主的保护模式，具体而言就是将公众的更新需求作为核心，结
合专业化的保护方式和手段，力求在保护与发展中找到平衡点。城市
是文化的容器，历史与未来是共生的。旧城的有机更新主要是保护城
市历史街区和历史文脉，而微更新的理念继承了有机更新的理论，是
在整体保护老城城市肌理和风貌的基础上，通过自下而上的动员和居
民的广泛参与，以城市内在秩序和规律为基础，针对地区各城市系统
的核心问题，采用适当的规模、合理的尺度，对局部小地块进行更新
改造，触发老城自主更新的连锁效应，不断创造出具有地域特色、影
响力和归属感的城市文化空间形态。

**案例：永庆坊**

永庆坊在微更新过程中，在保留街区原住民的基础上，除了提升原有商业设
施外，还完善了街区公共服务设施，融入现代文化休闲等多元功能，构建了完整
的社区邻里生活网络，为社区邻里交往提供了空间平台。除此之外，街区以李小
龙故居、社区中心、24～28号民居为载体，联合当地街道、社团、小学、民间
组织等举办了多场与创意、文化、生活密切相关的活动[1]，现代活动依托城市空
间成功植入街区，进一步促进邻里交往，强化街区社会网络（图3-45）。

1　吴凯晴：《"过渡态"下
的"自上而下"城市修
补——以广州恩宁路永
庆坊为例》，《城市规划
学刊》2017年第4期。

图 3-45　广州恩宁路永庆坊
图片来源：广州市岭南建筑研究中心

119

# 04

## 营造以人为本的城市

● 城市设计与建设管理需要处理各种要素的相互关系，最终目标还是要服务于人，满足人的需求。尊重人性的城市设计就是城市价值取向的回归，注重人的感知、人的尺度和人的参与，更加注重公共开放空间和公共生活，改善城市空间环境的品质，提升人们的生活质量。好的城市设计首先要做到在城市空间尺度上亲切近人，进而考虑现有环境对人的影响，要保护传承下来的城市生活习俗，扩展和创造新的空间环境，要人性化、有人情味、满足人的需求。

# 4.1　以人为本的空间概念

## 4.1.1　人行尺度与车行尺度

在农耕文化盛行的时代，城市规模普遍不大，人们以步行或畜力作为交通方式，与当时较小的道路尺度和丰富的细部构造相适应。其典型代表是中国古代园林，通过对人行尺度的控制与设计，可以在园林内实现移步换景、曲径通幽、柳暗花明的奇妙构想，也能巧妙利用借景、对景等手法，营造微观环境。到了工业革命后，能源与动力飞速发展，打破了城市原适应于人们活动的"人行尺度"和"亲切尺度"，适应于工业生产的"车行尺度"逐渐被各个城市采用。

"城市的本原是人际交流"，只有以"人的尺度"作为基本标尺，城市公共空间才能真正服务于人们的活动交流。何为"人的尺度"？从本质上来说，就是适宜于人的步行环境、人的视觉与感觉的尺度。

通过长期的城市设计实践，一些基本法则被逐渐接受并广泛应用。在街道设置上，适宜于人步行的距离为 $300 \sim 500m$；在广场等开敞空间中，不同的交流行为有不一样的视觉尺度：相互交谈时距离为 $2 \sim 3m$，需要看见对方表情时距离不应超过 $10m$，而需要看见对方轮廓时距离要小于 $100m$；在设计围合型的广场或道路时，空间宽度（$D$）与建筑高度（$H$）之比应为 $1.5 \sim 2$，过小会显得狭窄，过大则显得空旷。另外，供行人使用的公共设施如座椅、游乐设施等，其设置与布局应从亲和使用者以及满足多样性使用的角度出发，鼓励人们积极使用，并体现对儿童、老年人、残疾人等群体的关怀。因此，广场、公园等公共开敞空间应恰到好处，贴近居民需求、精致中透着浓浓人情味，这样的公共空间，往往更能赋予人们安全、舒适、亲切的感觉，成为老少皆宜的活动场所。

**专栏：街道的美学**

若街道宽度为 $D$，建筑外墙高度为 $H$，当 $D/H > 1$ 时，随着比值增大，人们会逐渐产生远离的感觉，当比值超过 2 时就产生宽阔的感觉；当 $D/H < 1$ 时，随着比值减小，人们会逐渐产生接近的感觉；而当比值为 1 时，两者存在一种匀称的感觉，成为空间性质的中间临界点（图 4-1）。

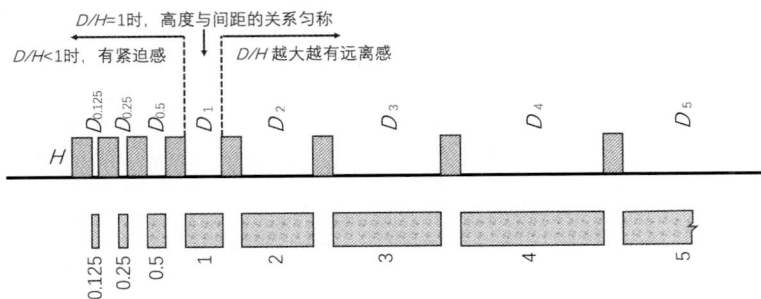

图 4-1　建筑 $D/H$ 的关系

图片来源：芦原义信：《街道的美学（上）》，尹培桐译，江苏凤凰文艺出版社，2019，第 57-58 页

由城墙围成的意大利中世纪城市，因空间所限，街道狭窄，$D/H \approx 0.5$；文艺复兴时期的街道较宽，$D/H \approx 1$；巴洛克时期，中世纪的比例被颠倒过来，街道宽度为建筑高度的 2 倍，即 $D/H \approx 2$（图 4-2）。

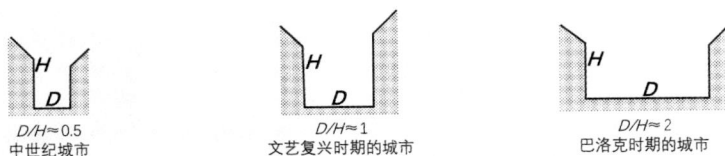

图 4-2　意大利街道的 $D/H$

图片来源：同图 4-1

美国学者克莱尔·库珀·马库斯和卡罗琳·弗朗西斯认为，"在这个高度流动、多样化、快节奏的年代，相对于城镇广场的陌生感，许多人更喜欢身边的邻里公园、校园庭院或办公区广场中社会生活的相对可预期性"。不同于城市大型公共空间，以周边或特定人群为服务对象的小型公共空间，因其亲切、多样、普及等特性，凸显了市民在城市生活中的中心地位，同时有利于地域身份意识的培养。

### 案例：苏州沧浪亭的人本公共空间

　　沧浪亭始建于北宋，是苏州现存诸园中历史最为悠久的古代园林，也是著名古典园林建筑。自宋代以来，沧浪亭一直在被构筑与重修，时至今日，儒、道、佛等多重文化并存于沧浪亭中，这个充满开放、对抗、矛盾、妥协、平衡的多重文化交流过程，最终形成现在的沧浪亭文化空间。

　　沧浪亭园内以山石为主景，古木参天，池清见底。踏入门庭，所见之处便是园林中心的假山，沧浪亭就位于假山之上，四周建筑以之为中心，又因沧浪亭是园内唯一不与走廊连接的建筑，其中心地位更为突出。环山而建的园林建筑，配以廊相连，成为一个整体，减少了突兀之感，同时复廊上的漏窗巧妙运用借景的手法，将园内外的山水集于一幅画面中，融山、水、池、亭于一体。沧浪亭有别于其他苏州古典园林之处就在于：打破高墙围绕的固有格局，以丘壑形成自然的封闭式格局，大胆借取外景，将园内外的山水有机地融为一体，从而形成一种开放性的布局特色（图4-3）。

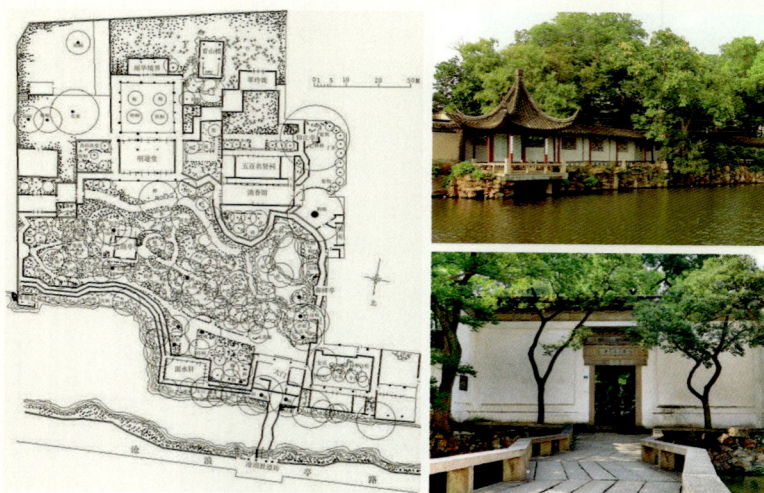

图4-3　苏州沧浪亭

### 专栏：人性场所的若干原则（引自人性场所——城市开放空间设计导则）

- □　场所应设置于使用者能看见或容易接近的空间；
- □　场所应明确地传达可以使用或欢迎使用的信息；
- □　场所的内部空间和外部空间都应美观，具有吸引力；

- □ 场所应配置各类设施以满足最有可能的活动需求；
- □ 场所应关注使用者的安全感；
- □ 场所应向使用者提供缓解城市压力的调解方式，促进使用者的身体健康和情绪安宁；
- □ 鼓励不同群体使用该场所，并保证群体间的活动不会互相干扰；
- □ 在高峰使用时段，场所应考虑在日照、遮阳、风力等因素下的环境舒适性；
- □ 场所应创造条件让儿童和残疾人也能使用；
- □ 场所应有助于开放空间管理者的各项行动计划，如幼托中心教育计划、医院治疗等；
- □ 场所应融入一些使用者可以控制或改变的要素（如托儿所的沙堆、老人住宅中的花台、城市广场中的互动式雕塑和喷泉等）；
- □ 场所可以通过某些方式让个人或群体使用者拥有管理该空间的权利，如让人们参与该空间的设计、建造及维护的过程；
- □ 场所的维护应简单经济，并控制在各类型空间的限度之内（如水泥广场可能易于维护，但并不适用于公园）；
- □ 在设计场所的过程中，对于视觉艺术表达和社会环境要求应给予相同的关注，过于重视一方面而忽视了另一方面，会形成失衡或不健康的空间。

## 4.1.2　为人设计的空间节点

"不识庐山真面目，只缘身在此山中"。人对一个城市最直接的感知，是从视线所及的局部开始的。因而，良好总体景观格局的城市，更需要做好人的尺度的城市感知节点营造。

例如，对于城市中的大型山体景观带，要适应人的尺度，构建若干观景点，通过风景资源视觉分析，选取可以让市民全面感受其美学价值的地段，进行人本场所营建。不少名山大川中，经历史长河留下的亭、台、庙宇，往往正是这类实现人和自然景观通感交流的精华地段所在。同理，大江大河的城市段，也要在滨水空间恰到好处地设立观景点，让市民能同步感受到城市丰富的景观，以及流域源远流长的历史社会文化内涵。

　　节点对城市公共生活的影响，不仅涉及定量、定位、定类，还涉及节点的形态。营造一个好的城市节点不是在一片区域中开辟一块空地，而是需要提供一个界定明确的、可识别的空间形态。积极的节点是能满足人的意图，具有计划性、边界性和收敛性的空间，可通过空间外围边界向内侧整顿秩序，形成可以想象和量度的外部空间。

　　城市节点塑造就是要创造积极的空间，避免消极的空间。积极空间不但为人们提供可识别的空间形态，也促进人们的交往。例如，伴随高质量的外部空间，随时可产生自发性活动和社会性活动，这些活动的共同作用使得城市和居住区的公共空间变得富于生气与魅力。

　　积极空间是相对围合的空间。围合感是公共空间最重要的品质，中世纪的街道最有价值的品质实际上是完整的连续性。好的城市节点通常具有开放而有边界的空间。创造有质量的围合感，离不开建筑要素的运用。一栋形式简单的单栋建筑不可能界定或创造空间，当建筑一字排开或混乱布局时，空间的限定很弱。形成围合感、创造积极空间的最直接的方法是将众多建筑组织在一个中心空间的周围，以建筑界面围合中央空间（图4-4）。这在一定程度上说明了城市节点塑造是关于一个区域，而不仅仅是一个广场或公园这样的单一项目。

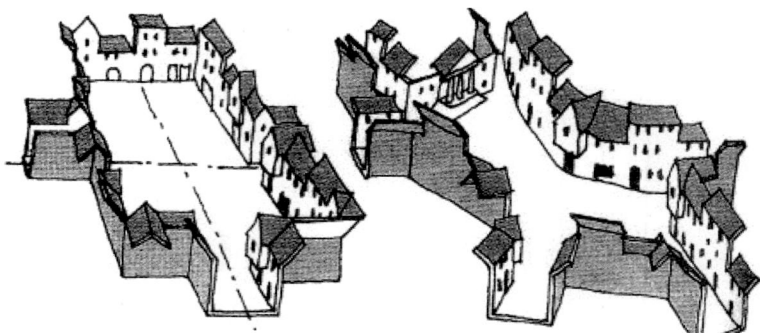

图4-4　空间的围合关系

1 章玲:《结合城市地下空间利用的下沉广场设计研究——以上海为例》，重庆大学硕士论文，2011年。

**案例：上海江湾体育场与创智天地** [1]

　　创智天地位于五角场副中心三大功能区中部，其南北园区与江湾体育场所围合形成一处具有活力的广场节点（图4-5）。整体布局以江湾体育场为轴线，呈大致对称的长方形，主要边界与周边建筑平行，整体布局与周边环境协调统一（图4-6）。在每个入口处都做了凹凸变化，在引导人流的同时，丰富了边界形态，并形成一些小的可供停留、休憩的空间。

图 4-5　创智天地节点位置图

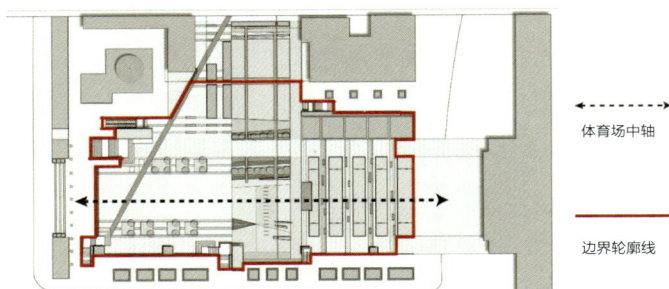

图 4-6　形态边界分析图

　　下沉广场下沉深度 4.5m，若仅靠此深度难以形成围合感。但由于广场周边建筑关系良好，与南北侧办公楼之间协调统一，应将办公楼考虑为下沉广场的围合界面。从此角度分析，下沉广场 $D/H$ 值约等于 4，能形成一定的围合感（图4-7）。从与体育场形成的空间尺度上分析，$D/H$ 最远处约为 6，至踏步处约为 3，下沉广场为观察体育场提供了一个由远及近、偏于整体的视角。空间平面尺度基本上遵循了 20～25m 的外部空间模数，形成适宜的空间尺度。

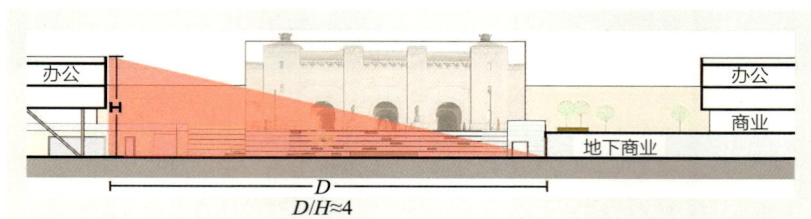

图 4-7　创智天地节点位置图

　　节点与节点之间，需要建设以人为尺度的步行换景廊道，如适宜人们活动的步道、坡道和看台等，让人能在走读之间品味城市。同时还要增强各种城市设施的便利性和街区渗透力，形成一种有效的、多样化的混合使用模式，并在其中进行各种交流。显然，成功的城市场所不仅要建设步行路径，还要建设一个适宜人们开展日常活动，并可提供多种选择的步行网络格局。而这种步行环境的品质即为"渗透性"，它是指城市场所的穿越路线或在其中的路线的可选择程度，是活动机会的一个量度指标。

　　从步行者的角度来看，空间尺度包括两个方面，视觉尺度和体验尺度，前者是从城市场所直接获得的视觉经验，后者是连续状态下步行所能接受的城市场所大小。视觉尺度与前文所述的公共空间高度、宽度的比值相关，比值的变化可使人感受到庄重感或流动感、疏离感或亲密感。

　　爱德华·T. 霍尔在《隐藏的维度》中界定了四种交流距离（表 4-1 ）。这种尺度感建立在人体工程学的基础上，人的身高、视力都在不自觉地决定着空间的特征，进而决定这个空间将会有什么活动发生。

**案例：人际交往的四种距离**

　　美国人类学家爱德华·T. 霍尔博士认为，根据人们交往的不同程度，可以将个体空间划为亲密距离、个人距离、社交距离、公众距离四个类型（表 4-1）。

**四种交流距离的特征**　　　　表 4-1

| 类别 | 亲密距离 | 个人距离 | 社会距离 | 公共距离 |
|---|---|---|---|---|
| 交流距离 | 0~45cm | 45~120cm | 1.20~3.60m | 大于 3.60m |
| 特征 | 一种表达温柔、舒适、爱抚以及激愤等强烈感情的亲密距离 | 亲近的朋友或家庭成员之间谈话的距离 | 是朋友、熟人、邻居、同事等之间日常交谈的距离 | 是用于单向交流的集会、演讲，或者在人们只愿旁观而不愿参与的场合中存在的距离 |

资料来源：Edward Twitchell Hall，*The Hidden Dimension*（New York：Doubleday，1969），pp.116-124

## 4.1.3　赋予文化内涵的公共空间

中国传统哲学中有一种非常注重空间文化内涵的审美观念——"比德"。何谓"比德"？孔子的"智者乐水，仁者乐山"，老子的"上善若水，上德若谷"等都是这种审美观念的具体表现。具体而言，"比德"从"天人合一"的角度出发，认为自然山水与人的精神品质具有某种特殊的联系，通过这种联系人可以获得精神上的感应和共鸣，从而提升自我的修养。中国传统营建中采用的"背山面水"为佳地的通则亦与"智者乐水，仁者乐山"的思想相契合。

在西方建筑理论界，也存在类似的场所精神（spirit of place）理论，其产生、发展与场所空间的界定关系密切。传统的建筑理论一直试图定量地界定空间，如通过三维的角度定义几何空间。但是，随着研究的深入，空间除了数学层面的定义，还有更深一层的内涵，因此建筑现象学重新对空间界定为容纳人们日常生活的三维整体。这一层面的理解，赋予了空间与场所更为普遍和具体的意义：一方面，空间象征着更为综合、全面、整体的氛围；另一方面，空间是具体、实在的形式和限定元素的载体。

"场所精神"是指场所独有的精神和特征。场所不仅拥有建筑实体，为人们的活动提供固定空间，而且还可以让特定群体在一段时期内保持方向感和认同感，吸收不同的内容，从而赋予自身精神层面上的意义。场所精神是环境特征概括化的体现，在人与场所互动的过程中，依照其感受可将场所分为浪漫式、统一式、古典式等三种类型。只有在不同的生活空间中进行体验，才能感受不同类型场所的特征，并进一步理解场所的本质——深刻而广泛地经历自身和世界的意义。

成功的城市很大程度上由实体形态之间的空间所塑造，这些不同规模、特征和类型的节点包括市民广场、户外空间、散步道、庭院、街角休息区、集会场所等。这些城市的节点不仅为节庆、仪式等传统习俗提供聚会场所，同时也定义了建成环境，赋予其意义与可识别性。

多样化的节点是一个高品质城市的重要标志之一。纽约市自 20 世纪 60 年代以来，城市设计政策趋向于鼓励公私部门投资城市公共空间。在这种政策带动下，曼哈顿除历史上形成的部分街心公园外，不断出现和发展沿街露天空间和建筑内部开放空间，以及统一规划的开放空间，它们在城市中不断放射、扩展，已成为城市空间环境形态和都市生活中最具活力的要素之一，在这些空间中演绎着纽约独特的都市生活。

1　C·亚历山大：《建筑的永恒之道》，赵冰译，知识产权出版社，2002，第 50 页。

空间因为人在其中交往而产生各种各样的活动、事件，同样地，活动、事件也会赋予空间场所独特的意义，引起人们情感上的共鸣。亚历山大一再强调："一个地方的特征是由发生在那里的事件所赋予的。"[1] 丰富多样的城市事件具有不可复制性，赋予城市空间特色和独特魅力。

## 案例：美国新奥尔良市的意大利广场

意大利广场以意大利的地图作为地面图案，将该国传统建筑的部件、符号拼凑成"界面"，突出当地意大利移民与社区的文脉关系，从而唤起人们对故土的怀念之情。这种空间场所将社会性、艺术性、知识性和趣味性融为一体，大大丰富了城市的文化内涵与记忆符号，增强了居民的认同感和归属感，也使该广场成为人性化场所的典范（图4-8）。

图 4-8　美国新奥尔良市的意大利广场

图片来源：https://www.dezeen.com/2015/08/21/postmodern-architecture-piazza-d-italia-charles-moore-new-orleans

行为是人与环境双向互动的媒介，因此研究人在城市公共场所中的行为、掌握其活动规律，也是做好城市设计的重要内容。具体而言，不同地域、气候、经济社会发展时期下，由于民族、阶层、文化、年龄、职业等的差异，人们往往会有不同的需求和爱好，其行为规律也会呈现不同的特征。因此，人们在公共开敞空间中的活动具有多样化的特征，以"城市客厅"——广场为例，其可容纳的活动丰富多样，如各类集会、娱乐表演、休闲锻炼、购物展销等。由于在广场上进行活动的主体、活动时间以及各主体对活动的态度不尽相同，因此在不同的地区形成了各具特色的"广场文化"，例如欧洲的露天咖啡座城市广场，美国进行街舞、篮球或者拳击比赛的城市广场，而我国一些城市广场成了儿童放风筝或者老人聚集闲聊的场所。因此，城市空间的设计强调以人为本，注重人们的生理、心理、行为、文化等多个方面的需求，既要满足市民多样化的要求，又要根据其行为特点分清主次，统筹安排。

　　在城市设计上，特别是在旧城区，城市界面、外部环境的形成往往都与人们的日常生活逻辑相关联，具体到街道的形态与尺度、建筑的组合关系、院落的整体布局等，都是城市与人们长期的生产生活互动磨合下的表征，也是情感化场所体验的空间基础（图4-9、图4-10）。然而，现代很多仿古设计不理解平面空间关系形成的内在逻辑，只是一味地照搬照抄，随意套用各类仿古的设计元素，也只能是呈现粗制滥造、毫无感情的仿古空间。

图4-9　扬州东关街历史街区

图4-10　北京菊儿胡同与南锣鼓巷

# 4.2 以人为本的出行概念

## 4.2.1 为人设计的绿色出行

绿色出行对于当今城市的可持续发展具有非常重要的作用。交通排放是温室气体排放的重要组成部分，大约占每年全球温室气体总排放量的 14%。尽管随着制造业向清洁生产、循环经济转型，单位工业增加值的碳排放会显著下降，但是随着世界进入全面城市化时代，城市出行总量仍在持续上升。采用清洁能源并改变高能耗的个体出行方式，则是全面转向低碳发展路径的关键一步。总体策略是，长距离交通通过合理构建大、中、小运量协同互补的公共交通网络解决，同时建立慢行交通系统，鼓励骑行、步行等健康、活力的出行模式。

慢行交通一般是指以人力为动力，行进速度不大于 15km/h 的交通方式，包括步行系统和非机动车交通系统两部分。相较于快速交通，慢行交通的出行速度较低，但在城市出行方式中占较大比例，在我国以慢行交通出行的比例占 50%。作为一类独立的城市交通方式，无论城市经济发展到何种水平，慢行交通系统如同城市交通的润滑剂，在城市综合交通和社会生活中都将发挥重要的作用。

正如卡蒙纳所说，"大多数社会互动和交流的机会发生在停车以后，人们关注的是目的地而不是旅途"。[1] 换言之，城市场所的质量与速度成反比，人们在慢速行进过程中，才能真正形成交往活动，并对场所有深入的体验与深刻的理解，对场所的情感依附才能有效建立。从而，慢行环境的营造，不仅能提供安全而有吸引力的交通空间，而且还可以制造更多交往活动的机会。

因此，城市设计诸多理论都将步行活动作为论述的基点。例如，凯文·林奇基于早期对欧洲中世纪城市的步行体验对城市场所进行分

1 Carmona M, Heath T, Tiesdell S, *Public Place-urban Space: the Dimensions of Urban Design* (Oxford: Architectural Press, 2003), p.67.

析，简·雅各布斯将街道的步行活动视为城市的重要特征，怀特倡导在交通拥挤问题严重的城市恢复步行街道。

鼓励慢行交通，为慢行交通提供合适的环境质量已成为当代城市设计的一个主要目标。欧洲国家开展的步行实验为城市更新提供了新的途径，大规模推行慢行交通逐渐成为创造人性化城市的重要举措。其中，丹麦哥本哈根和美国新城市主义的实践尤其具有代表性，前者将推行慢行优先原则与建设慢行系统作为完善城市功能的关键点，并成功创造了新的城市文化；后者旨在创造一个具有友善的慢行环境的社区，来避免无场所的郊区社区。

建设良好的具有推动作用的城市交通慢行系统应从以下几个方面理解：从目标而言，系统的构建就是为了提高市民的生活品质和促进社会人文的活力；从功能而言，系统的功能包括但不限于日常通勤、休闲娱乐、生态保护、文化教育等多个方面；从特征而言，系统应当具有舒适性以及作为交通联系纽带的可达性和便利性。

在进行城市慢行系统规划设计时，需要注意以下几点：首先，应当考虑通过哪些方式引导市民形成健康的生活方式；其次，采用复合型土地利用形式，将商业、娱乐、餐饮等多种功能协调统一，避免系统功能单一化；最后，系统规划应与城市环境、社会经济、历史文化等多方面协调发展，多管齐下改善城市品质（图4-11）。

图4-11　瑞士阿斯科纳镇商业街环境（左）日本名古屋商业街边休息区（右）

**案例:《抢街》——纽约市倡导慢行交通的街道改造**

　　曾任纽约市交通局长的《抢街》一书作者珍妮特·萨迪－汗认为,城市街道的车道宽度不需要达到公路车道的规模,通过简单的街道改造可以在原有的双向两车道基础上增加自行车专用道和供行人使用的安全岛,行人穿行距离由四车道变为两车道(图4-12)。

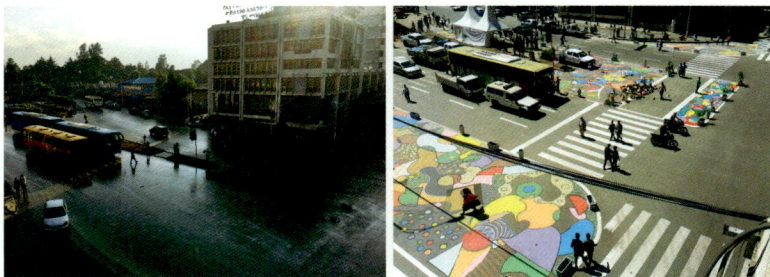

图 4-12　街道改造前后
图片来源:交通与发展政策研究所(ITDP)

　　她还认为,三向分岔路口造成了交通混乱和安全隐患。改造后可以激活大量未被利用或者利用率较低的道路空间,如图中的步行小广场,这些都能更好地管理交通,给步行者和骑行者提供更多的空间(图4-13)。

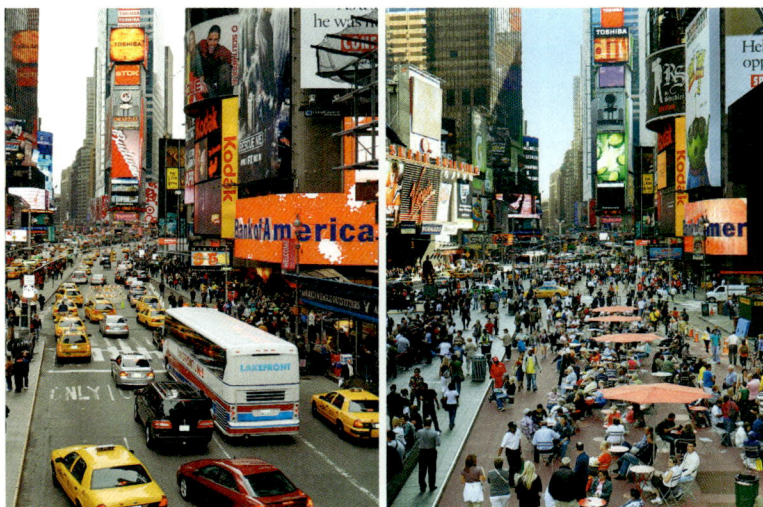

图 4-13　改造前后的道路交叉口
图片来源:同图 4-12

135

### 4.2.2　适应绿色出行的城市配置

#### （1）人车交通衔接和换乘

步行是交通方式的一种，不仅有观光、休闲的目的，还可以到达一些不能通过交通工具密切衔接的目的地。但是人的体力是有限的，必须借助其他的交通方式和步行方式相结合，才能强化它们之间的相互协调与衔接，发挥各自的优势，共同构建城市复杂的交通体系。以步行环境为主体的城市场所并不是要完全排斥汽车交通。相反，汽车交通对于一个场所的活力至关重要，对城市中心区来说更是如此，缺少了机动车交通的支持，将大大影响与之相关场所的可达性，尤其是商业场所的吸引力将被削弱，也因此减少了活动的多样性，影响了城市公共生活的质量。

#### （2）人车交通的平衡

有许多新的方法和措施被用来协调人车矛盾，在保证城市高效运转的前提下，既可满足人们日常出行需求，又能为各类自发性或社会性活动（如一般性街头运动、露天表演及人际社交等）留出适度空间。

传统的人车分离模式将步行系统和车行系统独立设置，一般是优先考虑步行者在街道中的地位，车行系统设置在步行系统的外围或地下。交通安全政策作为一种综合的交通政策，通过限制汽车车速，辅以一定的交通管制措施，在中心区鼓励步行、自行车和公共交通。近年来，西方城市兴起了新的交通规划与设计新课题——街道共享，以人车平等共存取代人车分离的概念。街道共享一方面为了解决交通活动与沿街活动的混合问题，基于有限的城市空间，重新分布现有的城市道路网，力图维持双方的合理平衡，另一方面还包括设置减速带和停车区、种植行道树、实施渠化交通与单向行驶等具体设计管控措施，从而增强道路的安全性，并改善沿街活动和道路环境。

研究表明，在保证安全性下的人车共存交通形式比人车分离更有利于人们的交往，同时也更有利于提升街区的公共空间活力。例如，在澳大利亚墨尔本市，其中心区公共空间政策与交通政策紧密结合，街道被作为城市重要的公共空间，其中一些开辟为步行街，地铁环线和四通八达的电车网，减轻了中心区对小汽车的依赖。由此可见，道路的使用者都能在道路改善后受益，尤其是在中心区内，大多数街道中步行者和机动车平等共存、和谐相处，提高了沿街商业的经济效益，使城市人群活动更有纵深空间，内容更丰富，成功地实现了步行环境与车行环境的平衡。

**案例：墨尔本的步行街道设计**

墨尔本的交通规划和街道设计为步行城市建设奠定了基础，进一步将步行明确为最优先的城市交通方式（图 4-14、图 4-15）。

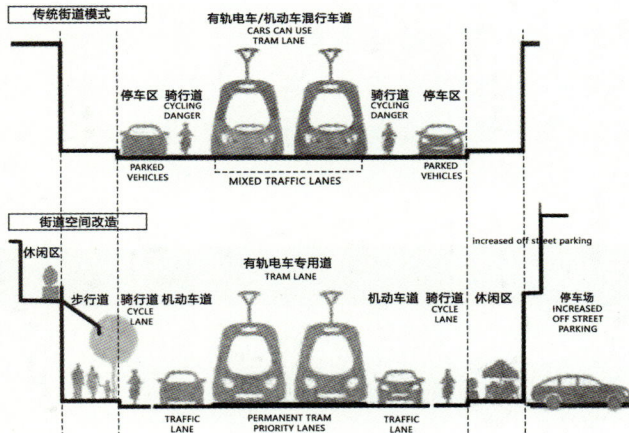

图 4-14　墨尔本街道空间模式对比图

图片来源：王祝根、昆廷·史蒂文森、何疏悦：《基于协同规划的步行城市建设策略——以墨尔本为例》，《城市发展研究》2018 年第 25 卷第 1 期

图 4-15　墨尔本街道步行环境

图片来源：同图 4-14

### 4.2.3　慢行系统通达性

慢行系统包括以休闲为主的慢行区域和用于日常通勤的路径体系，前者主要包括商业街、河滨步道、城市绿地或具有休闲性质的城市慢行空间，后者主要包括人行道、非机动车道、过街天桥、人行横道等交通设施，并在慢行系统的通达性中发挥了重要的作用。

提高通达性、安全性和舒适性是慢行系统设计的基本原则，其中通达性是用来衡量到达目的地的便捷程度的指标。慢行道的设计应尽量保持线路顺直，通过人行天桥、地下通道等的设置确保慢行道的连续性。不同类型的慢行道之间及慢行道与其他交通方式，应通过人性化的设施配置，相连成为连续的网络，达到四通八达的效果。慢行空间在尺度、沿街界面等方面与周边地块功能、建筑尺度、开放空间等保持协调，实现慢行系统与城市空间的有机融合。

**案例：杭州湖滨步行街**

杭州湖滨步行街是我国首批全国示范步行街之一。根据《杭州湖滨步行街区改造提升设计方案》，步行街将在现有基础上，对现有步行系统进行更新，构建便捷的步行网络。步行街通过向周边街区扩展步行空间的范围，保证行人拥有足够的步行空间，确保与各个方向的有效相通（图4-16）。同时，也通过智能导视系统，为行人提供指路、停车、商业等不同信息，便于行人集散。

图4-16　杭州湖滨步行街拟向周边街区扩展步行空间
图片来源：杭州上城区人民政府，
http://www.hzsc.gov.cn/art/2019/4/9/art_1267801_33127535.html

**案例：广州琶洲互联网集聚区步行廊道**

广州琶洲互联网集聚区，设计了面积超过 10 000m² 的滨江立体公园。公园位于珠江景观带"中十公里"和琶洲互联网创新集聚区的交汇处，毗邻珠江，与珠江新城隔江相望。地面首层与有轨电车、站场、水巴码头等交通设施相连。二层平台架空 7.6m、面积超过 10 000m²，同时该平台与琶洲西区内 19 个地块的二层连廊相通，成为市民观景、休闲和运动的特色场所（图 4-17）。

图 4-17　琶洲互联网集聚区模型
图片来源：华南理工大学建筑学院

## 4.2.4　全域绿道与城市绿道

绿道作为线性空间，不仅是重要的生态廊道，也是连接各种功能区的重要纽带，同时还是人们步行、骑车、游憩等活动的重要场所。通过绿道网的规划设计，可以将沿途绿色空间、城市中的公共绿地等串联起来，不仅可以整合破碎的生态空间，改善生态环境，调节城市"小气候"，还能为人民群众提供休闲活动空间，改善人居环境，推动生态文明建设。

### （1）全域绿道

全域绿道是从区域的角度出发，将区域内分散的自然生态空间、风景名胜、城镇与乡村串联起来，形成兼具生态功能与休闲功能的绿道网络体系。全域绿道应将城乡空间连接起来，成为带动城乡一体化、区域协调发展的纽带，推动城市居民到乡村进行休闲健身、旅游消费，基础设施向农村延伸、公共服务向农村覆盖。

全域绿道应强调连通性，以线性串联的方式连接区域内不同的功能空间，通过横向过渡促进不同功能区之间的融合，并在整体上构建起城市生态网络体系，为城市的生态、生活、生产等提供便利。

**案例：广东绿道网规划设计与建设**

广东省自 2010 年起率先开展省域绿道的规划设计与建设工作，取得了突出的成效。依据不同区位、自然条件及空间形态特征，广东省绿道网络分为省立绿道 – 城市绿道 – 社区绿道三个层次，生态型、郊野型和都市型三种类型，不同层次和不同类型的绿道分别有不同的设计和建设模式。截至 2018 年底，全省累计完成绿道建设 18 019km，形成了互联互通的完整、连续、可达的绿道网络。

经过多年的探索和发展，广东省全域绿道不断丰富和升级。近年，切合公众文化需求，结合历史人文资源，建设古驿道。另外，绿道与特色自然生态资源（丰富的水系）结合，开展碧道的建设。广东省全域绿道的建设，将全省主要的生态区、历史遗存、郊野公园和城市开放空间有机串联起来，更加多元化，更加适合承载新功能，更加注重使用者的体验（图 4-18、图 4-19）。[1]

图 4-18　多功能承载和多元化使用的全域绿道建设模式

图片来源：左图：马向明、杨庆东：《广东绿道的两个走向——南粤古驿道的活化利用对广东绿道发展的意义》，《南方建筑》2017 年第 6 期

1　马向明：《广东省绿道实践的回顾与展望》，《城市交通》2019 年 17 卷第 3 期。

图 4-19 广东省碧道分类示意图

图片来源：广东省水利厅，http://slt.gd.gov.cn/gdwlbdjxsztbdjs/content/post_2521980.html

### （2）城市绿道

城市绿道在构建城市公共空间网络、缓解城市热岛效应、倡导绿色出行、推动绿色健康生活等方面具有明显作用。城市绿道通常结合城市慢行系统，依托良好自然环境，依山、滨水、沿路建设，连接起城市公园与休闲设施（含自然、历史、文化名胜）、交通设施、文化场馆、商业区等城市活动中心，将其整合为一个有机整体。

城市绿道更加注重人在其中活动的舒适体验，追求人性化设计的理念，即综合考虑不同使用人群的特征、心理感受、使用习惯等重要因素，从使用者的角度考虑城市绿道的选址、空间布局、路径等，强调连通性，为人们提供更加宜人的环境和更加舒适的体验。城市绿道的设计与建设，还应遵照海绵城市的设计理念，路面材质选用透水材料，在绿道两侧绿化中推广引入雨水花园、下凹式绿地等海绵措施，采用微地形建设等众多工艺做法，提高雨水资源利用率。

**案例：上海杨浦滨江的滨水绿道**

近年，上海以贯通从杨浦大桥至徐浦大桥的 45km 岸线为目标，打造黄浦江两岸公共空间，其中杨浦滨江岸线总长约 15.5km，贯通工程已见成效。杨浦滨江设计的一个重要特点是根据其自然景观特色以及沿线拥有大量工业遗产的现实情况，构建承载着工业文化、运动、生态、休闲功能的"三带"和由漫步道、慢跑道和骑行道组成的"三道"空间格局。"三道"沿道以原生植物和原有地貌为特征，保护和完善沿路景观，交织组成了充满活力的城市绿道，可为公众提供多种休闲体验（图 4-20）。

图 4-20 上海杨浦滨江由漫步道、慢跑道和骑行道共同组成的城市绿道

# 4.3 以人为本的社区和城市单元

不同年龄、不同背景的人群有不同的休闲需求，城市设计中可主要从青年人、老人和儿童的需求特征着手，构建适宜、健康的开放空间。总的来说，人对开敞空间上的需求主要分为三个层次，一是便利的需求，二是舒适的需求，三是精神文化的需求。因此设计开敞空间时，首先要考虑服务半径的要求，研究人的行为特征，满足公众的需求。其次应以"人的尺度"为基本的空间标尺，营造充满人情味和亲切感的开放空间形象。最后是立足于特定地域的文化，突出其特点与个性，激发居民的认同感和归属感。

从根本上来说，城市设计以人们的物质和精神需求为出发点，在"以人为本"的核心思想指导下，通过提高公共场所的环境质量，不断提高人们的生活幸福感，促进社会和谐发展。因此，一个现代化的城市应当研究与把握人们的需求爱好的行为规律，创造高质量、多样化、人性化、富有特色以及保证公众能平等使用的开敞空间场所，使人们获得舒适、愉悦、安全、自由的体验和感受。也只有获得人们的喜爱并经得起时间的考验，城市公共开敞空间的设计方可称得上成功。

## 4.3.1　完整居住社区的概念

"完整居住社区"指具备完善的基础设施、宜人的公共空间、健全的服务体系、兼容的治理体系以及具有认同感的社区文化的城市社区，是拥有宜居的住宅建筑、完善的市政设施、安全友好的环境设施和健全便民的服务设施的城市社区。其中，健全便民的服务设施是居民生活品质的保障，包括物业管理、停车及充电设施、邮件和快件送达设施、公交车站、公共厕所、菜市场、便利店、综合服务站、老年人日间照料中心、幼儿园、婴幼儿照护设施、卫生服务站、家政服务以及其他便民服务设施等 14 类设施。

从微观日常生活的视角来看，城市设计应更为细致地关注生活服务设施的就近服务，提升居民生活的便捷性，"15 分钟生活圈"的设计理念便是一个良好的尝试。

**案例：15 分钟生活圈**

15 分钟是 800～1 000m 的步行时间，15 分钟生活圈可理解为在人们舒适的步行范围内，布局能够满足日常生活的各项公共服务设施，提升居住生活的便捷性（图 4-21）。因而在城市设计层面，15 分钟生活圈应注重公共设施的分圈层布局与步行网络的高效连通。首先，针对儿童、中青年、老年人等不同群体的生活需求，需要从不同角度着重考虑服务设施的配置（表 4-2）。其次，步行交通是实现 15 分钟生活圈的主要交通方式，是串联各项公共服务设施的重要途径。

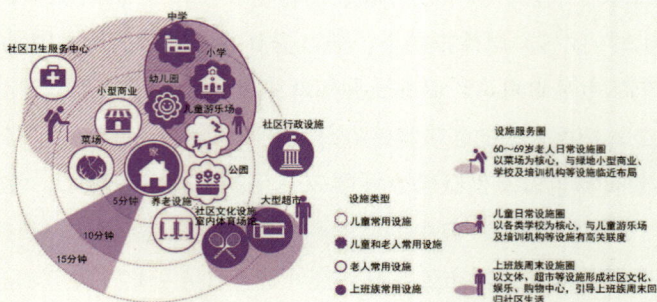

图 4-21　上海 15 分钟生活圈公共服务设施布局示意图

图片来源：程蓉：《15 分钟社区生活圈的空间治理对策》，《规划师》2018 年 34 卷第 5 期

**针对不同群体的生活圈构建策略一览表**　表 4-2

| 服务群体 | 儿童 | 中青年 | 老年人 |
|---|---|---|---|
| 服务设施 | 以各类学校为核心，注重与儿童活动场、培训机构等设施的高度关联 | 以文体活动场所、超市等日常购物、基本休闲场所为核心，强化上班族的社区生活 | 以菜场为核心，注重绿地、小型商业、学校及培训机构的圈层设置 |
| 步行系统构建 | 可在街道周边布置供儿童游戏的沙池等设施 | 依托自然景观良好路段设计慢跑道，注重篮球场、羽毛球场等活动场地的设置 | 设计无障碍设施，沿街布置供老人闲聊、下棋、休憩的节点，以及日常锻炼的健身器材 |

资料来源：同图 4-21

　　因此在城市设计中要加强步行网络的组织，同时考虑到不同人群对街道的使用需求，不同层级的步行系统在具体的街道空间设计上也应有所区分和侧重。

　　总而言之，15 分钟生活圈是城市人性化设计实践的典型范式，除了将人们日常所需的生活功能高效复合外，通过满足不同人群的需求，高度平衡城市各项功能，15 分钟生活圈成了一次城市人性化设计的有益实践。

　　在布局上，这些社区服务设施通常有一定的集聚性和均衡性，如社区消防站会与社区服务中心结合布置，而居住区级、社区级、组团级消防站会分级配置、均衡布置于居住片区，便于系统性服务于居住片区的消防安全。此外，社区服务设施可与休闲广场等公共空间结合布局，例如在社区服务中心周围布局篮球场、社区广场等，一方面便于社区服务人员组织社区活动，另一方面强化社区的核心作用，引导社区居民的休闲活动，塑造场所精神，促进社区融合发展（表 4-3）。

15 分钟生活圈居住区、10 分钟生活圈居住区配套设施设置规定　　表 4-3

| 类别 | 序号 | 项目 | 15 分钟生活圈居住区 | 10 分钟生活圈居住区 | 备注 |
|---|---|---|---|---|---|
| 公共管理和公共服务设施 | 1 | 初中 | ▲ | △ | 应独立占地 |
| | 2 | 小学 | — | ▲ | 应独立占地 |
| | 3 | 体育馆（场）或全民健身中心 | △ | — | 可联合建设 |
| | 4 | 大型多功能运动场地 | ▲ | — | 宜独立占地 |
| | 5 | 中型多功能运动场地 | — | ▲ | 宜独立占地 |
| | 6 | 卫生服务中心（社区医院） | ▲ | — | 宜独立占地 |
| | 7 | 门诊部 | ▲ | — | 可联合建设 |
| | 8 | 养老院 | ▲ | — | 宜独立占地 |
| | 9 | 老年养护院 | ▲ | — | 宜独立占地 |
| | 10 | 文化活动中心（含青少年、老年活动中心） | ▲ | — | 可联合建设 |
| | 11 | 社区服务中心（街道级） | ▲ | — | 可联合建设 |
| | 12 | 街道办事处 | ▲ | — | 可联合建设 |
| | 13 | 司法所 | ▲ | — | 可联合建设 |
| | 14 | 派出所 | △ | — | 宜独立占地 |
| | 15 | 其他 | △ | △ | 可联合建设 |
| 商业服务业设施 | 16 | 商场 | ▲ | ▲ | 可联合建设 |
| | 17 | 菜市场或生鲜超市 | — | ▲ | 可联合建设 |
| | 18 | 健身房 | △ | △ | 可联合建设 |
| | 19 | 餐饮设施 | ▲ | ▲ | 可联合建设 |
| | 20 | 银行营业网点 | ▲ | ▲ | 可联合建设 |
| | 21 | 电信营业网点 | ▲ | ▲ | 可联合建设 |
| | 22 | 邮政营业场所 | ▲ | — | 可联合建设 |
| | 23 | 其他 | △ | △ | 可联合建设 |

续表

| 类别 | 序号 | 项目 | 15分钟生活圈居住区 | 10分钟生活圈居住区 | 备注 |
|------|------|------|------|------|------|
| 市政公用设施 | 24 | 开闭所 | ▲ | △ | 可联合建设 |
| | 25 | 燃料供应站 | △ | △ | 宜独立占地 |
| | 26 | 燃气调压站 | △ | △ | 宜独立占地 |
| | 27 | 供热站或热交换站 | △ | △ | 宜独立占地 |
| | 28 | 通信机房 | △ | △ | 可联合建设 |
| | 29 | 有线电视基站 | △ | △ | 可联合建设 |
| | 30 | 垃圾转运站 | △ | △ | 应独立占地 |
| | 31 | 消防站 | △ | △ | 宜独立占地 |
| | 32 | 市政燃气服务网点和应急抢修站 | △ | △ | 可联合建设 |
| | 33 | 其他 | △ | △ | 可联合建设 |
| 公交场站 | 34 | 轨道交通站点 | △ | △ | 可联合建设 |
| | 35 | 公交首末站 | △ | △ | 可联合建设 |
| | 36 | 公交车站 | ▲ | ▲ | 宜独立设置 |
| | 37 | 非机动车停车场（库） | △ | △ | 可联合建设 |
| | 38 | 机动车停车场（库） | △ | △ | 可联合建设 |
| | 39 | 其他 | △ | △ | 可联合建设 |

注：（1）▲为应配建的项目；△为根据实际情况按需配建的项目。
　　（2）在国家确定的一、二类人防重点城市，应按人防有关规定配建防空地下室。
资料来源：《城市居住区规划设计标准》，GB 50180—2018

## 4.3.2　完整居住社区的家园精神

社区规划中的完整性主要包括物质层面与精神层面的概念：前者主要是指以满足生活需求为出发点的物质空间设计与营造，后者主要包括友邻关系、社区共同意识、社区公共利益等内容，主要致力于塑造社区精神与社区归属感。

随着社会发展与人们生活水平的提高，越来越多的居民追求更高品质的生活，希望在社区获得便捷的教育、文化、健康服务，享有丰富多彩的社区公共生活。

完整居住社区的建设就是从微观角度进行以人为本的城市营造，通过社会重组体现一种基本的人文关怀，在不断加强与维护社会公平团结的过程中，逐步实现和谐社会的理想。

### 4.3.3　城市单元的概念

人们在城市中的生活、就业、休闲活动，遍布于更广阔的城市空间。以人文、智慧、安全的美丽城市为长远愿景，通过构建既适应现代城市节奏，又富有人文关怀的多种城市单元（图 4-22），可进一步为市民提供配套均衡、绿色舒适的 24 小时城市生活空间。

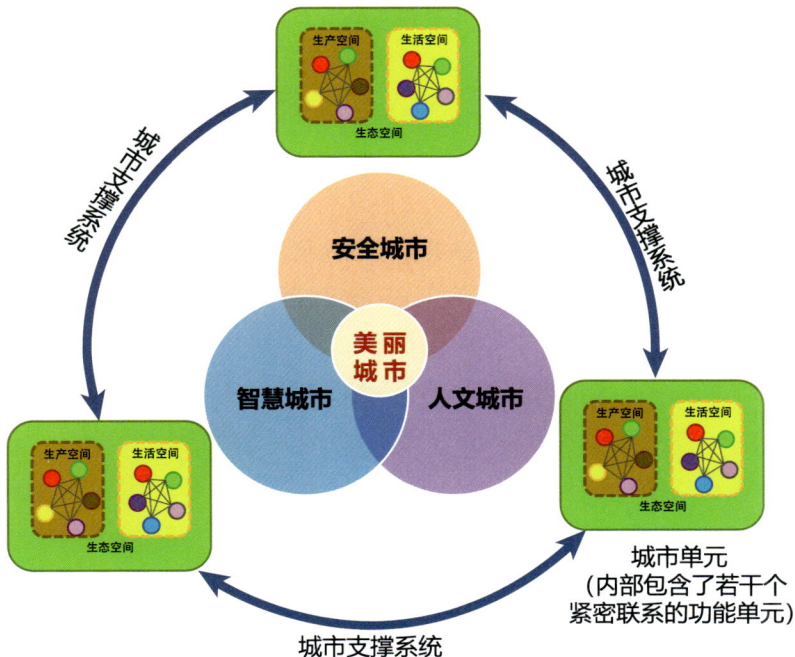

图 4-22　城市功能单元示意图
图片来源：广州市城市规划协会

在综合规划的基础上进行功能要素配置，不同功能要素的组合形成了以不同功能为指导的功能单元，包括城市商务和新经济功能单元、生活居住功能单元、老旧小区与城市特色功能单元、城市工业和仓储功能单元、城市科教创新功能单元、城市综合休闲娱乐功能单元、城市门户枢纽功能单元。每一类的功能要素都具有不同的特点，组合形成的不同功能单元又具有不同的规模。

城市商务和新经济功能单元由集聚的城市或片区级商务用地及其配套的其他用地构成，以承载城市的商务服务和都市型创新产业研发功能，同时还需要承载信息和人员的密集流动。本类功能单元在设计过程中，应关注用地的兼容性与灵活性，强调单元内部功能的综合性，充分考虑商务、精品商业、高端文化旅游、公寓式居住以及新经济新业态的空间需求，形成集"工作—居住—学习—娱乐"于一体的中央活动区。

生活居住功能单元是提供服务配套层级分明、便捷可达，并能体验地域特色人居环境的居住场所。新建居住区建设应采取紧凑而宜居的发展模式，除了交通便捷，社区商业、公共服务完善和绿地充足之外，更应注重景观特色营造和社区认同感培养。新居住区的区位选择则应综合考虑公共交通可达性和生态景观环境因素，避免与污染型工业直接混杂相邻，同时注重各类住房的比例协调，为社会各阶层的居住需求提供多样化的选择。

老旧小区与城市特色功能单元由旧城区居住和传统特色功能用地构成。要对老旧小区进行宜居品质提升和全龄化适应性改造，补齐综合服务、公共绿地和公共交通设施短板。加强文物和历史文化街区保护，加强对历史建筑、历史风貌区的修缮和活化利用，延续城市文脉，注入发展活力。

城市工业和仓储功能单元由相对集聚的工业和仓储用地组成，是建设先进制造业体系的载体，布局应综合考虑产业区位因素和环境影响，存在环境风险的工业区应与城市发展区留有充足的隔离缓冲区。以发展资源节约型生态工业园区为目标，完善适度集聚的产业人口居住和服务配套设施，进行现有工业区改造和新产业园区建设，营造新产业空间。

城市科教创新功能单元由相对集聚的大学、学院和独立地段的研究生院以及各类科学研究机构及其配套设施构成。本类功能单元支持产学研合作，积极推进原始创新，通过进一步整合优化科技、教育、文化资源，成为城市智慧化发展的引擎。

城市综合休闲娱乐功能单元由城市和片区两级具有重要游憩、娱乐功能的用地和开敞空间组成，包括风景名胜区、城市绿心、市内湖泊水体、滨水绿道和大型（主题）公园等，可为市民提供多种亲近自然的途径，以低容量的原生态式开发为主，辅以高品质游憩项目建设，以成为城市景观廊道的重要组成部分，同时保护文化史迹和生物多样性。

城市门户枢纽功能单元围绕大中型铁路、航空等城市门户枢纽，本类功能单元为城市提供与区域城市网络的便捷连接，应预留发展分期弹性，做好廊道统筹，同时发挥枢纽的综合优势，配套商务功能。

# 05

## 城市设计的策划和组织管理

● 城市设计是一个连续的、复杂的决策过程，在阶段性目标实现的同时，又会激发新的设计目标，不断往复演进。因此，需要通过城市设计的策划，按需定制、有的放矢，明确不同时期、不同层次、不同阶段的城市设计内容与具体形式。城市设计的全生命周期过程，也应充分体现参与式的组织管理理念，政府、专业人员、各行各业和广大人民群众应共同协商、凝聚共识，通过设计的过程与设计的成果，统筹城市风貌和建筑品质的营造与提升。

# 5.1 城市设计的策划

1 单樑:《以开发项目为导向的城市设计策划研究》, 哈尔滨工业大学博士学位论文, 2008 年。

做好城市设计的策划是提升城市设计水平和实施导控效能的基础。城市设计策划的具体工作包括: 把握好城市设计工作的特点, 确立清晰的城市设计前提、总体思路和设计重点, 制定设计策略和实施计划。[1]

## 5.1.1 城市设计的特点

城市设计是城市建设管理必不可少的重要工具, 具有鲜明的特点。城市设计以追求环境效益为主要目标, 重点关注人与城市形体环境之间的关系以及对人的生活空间的营造。城市设计具有较多的审美与文化的含义, 更多地与人对实际空间和生活环境的体验相关, 如艺术性、舒适性、可识别性、心理满足程度等。城市形态发展愿景、城市历史文化延续、空间景观特色乃至美学因素都是城市设计优劣评判的要点。

城市设计的内容具体、细致且形象化, 在城市形态、景观特色、场所人文环境和与人活动相关的公共空间体系等的成果和表达方面, 具有突出的优势。通过综合的设计手段和方法, 城市设计可以更形象、更具体地分析城市各要素、各地区之间的空间关系, 形成更合理、更有序的物质空间形态, 并丰富对三维空间、文化脉络等要素的分析。因此, 城市设计不仅可以深化城市规划和指导城市规划的具体实施, 而且还可以有效地将城市规划与建筑设计连接起来, 成为城市规划与建筑设计之间的 "减震器"。

## 5.1.2 以城市战略目标为设计前提

城市战略目标是开展城市设计的重要前提和基础。以多方参与的城市设计为平台，可以凝聚对城市发展战略和总体格局的形象化共识，统一思想。针对城市发展阶段和特征，建立全市范围内对城市特征的认知，形成清晰稳定的空间形态格局框架。

同时，开展城市空间秩序基底修复，建构层次性、类型性的整体空间体系，着眼于通过对城市空间的历史环境、路径网络、公共环境和标识空间四大要素进行系统分析，从而提高各个地段的可识别性，并使不同的空间有机地连接起来，形成统一协调的整体。

## 5.1.3　城市的全域设计

全域城市设计的重点是确定城市空间发展战略、城市风貌特色以及与历史文脉或山水环境相适宜的城市空间模式。

### （1）需要进行全域设计的城市

历史文化底蕴深厚的城市、自然环境个性突出的城市和生态环境脆弱的城市应开展全域城市设计。其他城市可根据发展需要决定是否开展全域城市设计。

### （2）全域城市设计的主要内容

对于历史文化底蕴深厚的城市，城市设计的重点是文脉传承、历史保护、风貌延续、特色塑造以及各类受保护实体的活化利用原则、方法和手段。这类城市设计还需要因地制宜地解决同一时空下历史与现实并存的统一与和谐问题。

对于自然环境个性突出的城市或生态环境脆弱的城市，城市设计的重点是自然空间环境与城市空间环境协调的模式与方法，构建城市人工环境与自然生态环境相互依存、和谐共生的空间秩序。

对于多种风貌并存的大城市和特大城市，应依据风貌特色和空间功能的完整性设计城市单元，并对风貌特色突出的城市单元聚焦管控重点（如历史保护、生态景观等），参照全域城市设计模式组织设计。

1　陈志敏、陈戈、刁海晖、徐晓曦：《特大城市总体城市设计编制方法探讨——以广州为例》，《上海城市规划》2018 年第 5 期。

### 案例：广州总体城市设计的工作路径

广州总体城市设计坚持岭南特色、以人为本的基本原则，突出坚守生态底线和凝聚社会共识两个方面的工作路径[1]：

（1）读懂城市特色，守住生态底线

广州总体城市设计坚持绿色发展理念，以市域为完整生态系统，严守生态底线。在延续已有经验的基础上，通过基础数据库的构建，梳理和分析广州山水要素、历史文化要素、人文情怀等，并将其作为基础，读懂广州城市风貌特色，把握全域性的城市空间形态格局。

（2）凝聚社会共识，突出品质提升

改变传统的组织方式，探索由政府、专家、设计编制团队、资深媒体、人民群众共同参与设计全过程的模式，凝聚社会共识。从人的需求出发，聚焦于人民群众追求的美好空间品质和生活环境，探索精细化设计手法和管控手段，着力塑造品质化、特色化的城市。

## 5.1.4　不同主题的城市设计

在全域城市设计确定的总体框架下，可根据地区的不同发展阶段开展城市设计，有的放矢地开展不同主题的城市设计。

### （1）重点地区的城市设计

城市政府可以根据实际需要对核心区、历史地段、新区、滨水区、山前区、名胜区、商业区等重点地区开展城市设计。重点地区城市设计应对环境特色、空间尺度、建筑高度、体量、风格、色彩等提出控制要求，并依据重点地区特色提出相应内容。

### （2）历史地段的城市设计

历史地段应以城市文化为内涵，强调人与历史和谐，尊重历史文化，凸显地域性特色，协调城市新旧两区，使之成为有机的整体；尊重人文文化，为人们提供宜人、便利、健康安全、有温度的城市。

城市设计不仅要重视整体空间格局，还要从细部入手，将城市历史文化的基调在不同尺度的空间中表达出来，全方位地展示历史文化形象。将城市历史文化提炼为独特的、能为人们所感知的符号，通过建筑、公共设施、小品、标识物、街道等城市设计的五大要素表达出来，对城市历史文化进行宣传，利用这些视觉符号，带动城市文化魅力提升。

## 案例：历史街区保护城市设计——福州三坊七巷

三坊七巷是福州的历史之源、文化之根，自晋、唐形成起，便是贵族和士大夫的聚居地，其白墙瓦屋被誉为"明清古建筑博物馆"。在保护与活化利用中，三坊七巷保留了福州传统建筑风貌，传承原有典型的里坊式街区的肌理，形成"一带、两街、三坊七巷"的空间格局。通过文化遗产特区概念解析、文化遗产要素分析、核心价值判断，将其定位为福州历史文化积淀的核心、福州城市历史景观的轴心、福州城市文化功能的中心、福州文化产业拓展的重心，使其历史文化得以继续发扬（图5-1）。

图5-1　福州三坊七巷
图片来源：《三坊七巷历史文化街区保护规划》

**案例：旧区活化城市设计——南京老城南**

老城南历史悠久，是南京文化的发源地，是代表南京本地文化的活化石，为南京保留了众多蕴含历史印记的文化遗产。在近十年南京旧城改造受到广泛社会关注的背景下，致力于通过对老城南地区的考察与探究，发掘代表南京本地文化特色的活态价值，努力修复并保护留存在南京老城南地区的历史文化资源，延续这座千年城市的文脉（图5-2）。

图5-2　南京老城南规划图

图片来源：北京清华同衡规划设计研究院

### （3）重大事件或节庆地区的城市设计

城市有大型事件或举办重大节庆活动，是城市建设的重要机遇，会起到城市发展催化剂的强大作用。城市重大事件或节庆地区，与一般地区具有确切空间意向的情况不同，需要通过合理的设计、巧妙的安排，营造良好的氛围来促进事件发生。同时，还应考虑重大事件对城市发展的影响，充分关注重大事件过后场地的使用及其与城市之间的关系。因此，重大事件或节庆地区的城市设计思路应从"设计城市事件"转变为"通过事件来设计城市"。

重大事件及节庆地区城市设计的关键在于重大事件与城市关系的处理、时机的把握以及丰富的想象等非物质性设计策略，应充分调查所在地的现状情况，深入挖掘城市内涵和强化城市特征，营建真实而独特的城市风貌。

案例：2010 年上海世博会概念性城市设计

对于超大规模的节庆主题空间来说，多层次的公共空间体系为各个公共空间节点场所的建立创造了良好的条件，不仅可以明确每个空间节点的主题和层级定位，而且能为空间节点环境意向的营造指明方向，提高其识别性，并为节点的尺度、材质、色彩、标志物等的确定提供依据。

2010 年上海世博会承载着建筑、游览、活动三大基本功能，属于一个完整的多层次公共空间体系，在满足运营需求的同时，也充分展现出作为城市公共空间的特征，很好地呼应了"城市，让生活更美好"的主题（图 5-3）。

图 5-3　上海世博会城市最佳实践区改建为当代艺术博物馆
图片来源：上海当代艺术博物馆官网，http://www.powerstationofart.org/cn/
index/page/about-7.html

### （4）重要公共空间和特殊景观地区的城市设计

重要公共空间城市设计的重点是通过控制城市密度和建筑强度等手段，塑造具有人文厚度和场所温度的环境。具有特殊景观的地区，应结合景观特征进行设计，根据景观资源的特点进行特殊处理。应突出特殊景观的特色，充分挖掘所在地的内在文化特质，通过缜密的研究与分析，探索适合当地的方案，突出场所的识别感。合理处理不同投资主体的权益分配问题，将特有的景观资源向公众开放并共享。如滨水区作为城市的有机组成部分，应符合城市总体空间格局和风貌特色，其功能安排、交通组织、公共空间系统等方面应与城市主体相协调，通过明确的路径、视线通廊、开敞空间等的设计，强化滨水区与周边地区的连接，同时要发挥水面带来的环境优势，营造良好的公共活动空间和特色景观风貌。

**案例：珠江景观带重点区段城市设计**

珠江景观带为广州市最重要的滨水地区，设计的主要目标为打造"大美珠江"，塑造花城如诗、珠水如画的世界级滨水区。通过塑造开放绿色多元的品质珠江、展现全球城市形象的魅力珠江、传承广州历史底蕴的文化珠江、营造创新集聚的繁荣珠江、打造安全干净的清澈珠江、优化水绿交融的健康珠江、倡导多模式出行的畅通珠江、汇聚最广州方式的活力珠江，实现在公共空间、滨江形象、文化遗产、滨江街区、水系统、自然系统、道路可达性、滨江活动八个方面的协调发展（图5-4）。

图 5-4　广州珠江景观带

图片来源：《珠江景观带重点区段城市设计与景观详细规划导则》

158

**案例：纽约长岛亨特角南海滨公园设计**

纽约长岛亨特角南海滨公园的设计，在满足安全与管理需求的前提下，尽可能靠近水岸线，创造亲水的公共活动空间，组织亲水的活动内容（包括水上活动）。统一考虑设置亲水平台、水上栈道、沿水台阶等亲水设施，利用架空平台等方式提高空间的亲水性，营造水面视野和亲水的视觉感受。充分考虑水岸空间和城市道路系统的衔接，在通往水岸空间的每条城市道路与公园衔接的地方都设置了海滨公园的入口，规划在约 600m 的距离内设置了6 个入口并与规划城市道路衔接，城市居民可以便利地到达并进入公园内部（图 5-5）。

图 5-5　纽约亨特角南海滨公园鸟瞰及亲水设施

图片来源：https://www.aia.org/showcases/6248980-hunters-point-south-waterfront-park

## （5）新区开发城市设计

新区城市设计首先应开展深入的发展策略和功能业态研究，明确空间和风貌需求特征，在此基础上尊重和延续全域城市设计的总体风貌。尊重地域特点，延续历史风貌；体现开放包容的精神，传承民族特色；适应气候地形，彰显时代特征，塑造宜居宜业且有温度的新区。

159

**案例：新区开发城市设计——深圳福田中心区**

    深圳于 20 世纪 80 年代初提出福田中心区的构想，1987 年运用城市设计方法对城市总体空间形态的秩序进行建构，并在尊重和延续城市总体空间秩序的基础上，对福田中心区中轴线进行了三维空间的设计构想。随后，就中心区整体性、在地性、灵活性、宜人性以及业态功能等展开了多项专题研究，确定福田中心区的总体形象特色，将研究结论落实到整体设计方案、街坊和地块以及建筑设计等不同的设计环节中，将设计成果转译为刚性管控和弹性引导条件，有效控制了中心区的整体形态。通过对中心区空间形态、公共空间、活力界面的塑造，提升中心区的价值（图 5-6、图 5-7）。

图 5-6　深圳福田中心区

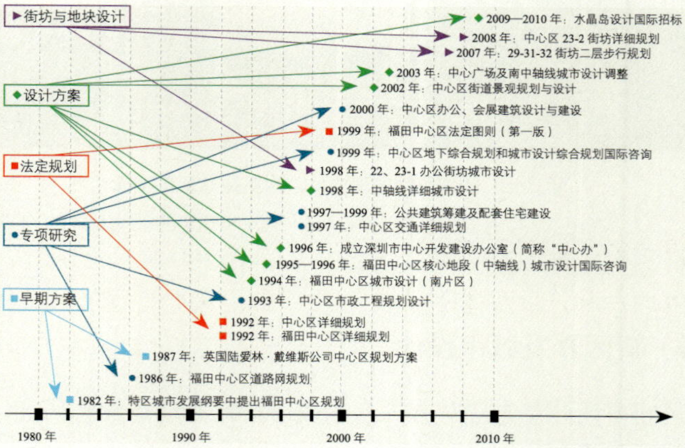

图 5-7　城市设计贯穿于深圳福田中心区开发建设的全过程

图片来源：赵广英、单樑、宋聚生，等：《深圳规划建设 40 年发展历程中的城市设计思维》，《城乡规划》2019 年第 5 期

### （6）存量地区城市设计

存量地区的城市设计要遵循有机更新原则，提倡城市修补，引导有计划的修复、整治与改建，保持城市肌理，注重功能提升，留住特有的地域环境、文化特色和建筑风格。

### （7）塑造完整居住社区范例的城市设计

城市政府应根据完整居住社区建设安排，选取具有范例性的完整居住社区编制城市设计。完整居住社区城市设计的重点是从居住社区的历史、人文、民俗、社会出发，凝练体现社会主义核心价值观的独特社区文化，树立统筹绿色、健康、人本、共享的理念，完善社区公共服务设施和保障设施。完整居住社区城市设计应结合社区治理，鼓励社区居民共同参与，塑造社区共同意识，加强社区归属感、认同感。

### （8）标志性或重大公共建筑的城市设计

城市政府应对城市中标志性建筑或重大公共建筑的环境进行城市设计，并通过城市设计传导城市对该建筑的要求和需进行协调的外部条件。如本书第 3 章讲述的广州塔的案例。

# 5.2 城市设计的组织管理

城市政府作为城市设计的编制主体，要全流程、多要素统筹，做好城市设计的组织管理工作。坚持城市与环境共生，通过城市设计空间统筹的原理和技巧妥善处理自然与城市、保护与发展的关系；坚持传承与发展统筹，通过城市设计统筹文脉演绎与特色提炼，保护活化历史建筑与街区，传承地方文化，因地制宜地塑造城市的特色与风貌；坚持人民城市为人民，通过城市设计塑造以人为本的空间与场所，建立以人为本的服务体系，推动遵循社会规律的包容性发展；坚持创新与应用智慧新技术，运用新一代信息多维数据支撑、人工智能等前沿技术，驱动智慧化城市设计，精准把握城市发展态势，辅助方案生成与对比决策，提高城市的建设效率和管理能力。

### 5.2.1　城市设计的周期与时效

全域城市设计确定的城市总体空间形态、形象定位、自然生态格局、公共空间体系、公共活动线路等应与国民经济和社会发展规划保持同步，并与国土空间规划相协调，保持稳定。指导城市新区建设的城市设计应贯穿于城市建设的全周期。以地区营造、历史文化空间活化和城市双修等为主题的城市设计，可根据经济社会的发展、人民群众的需求，坚持问题导向，适时动态更新。面向建设实施的城市设计可根据项目建设周期适时动态维护完善。

城市设计工作要重视系统策划，做到适时、适度，总体导向清晰稳定，同时又要灵敏地感知到市场、社会和市民对城市空间的新需求，作出灵活的局部调适，使城市的空间始终保持活力，并传承城市文脉和底蕴，彰显城市个性。城市设计工作要做好策划，有条理地推进，既不疏漏，又不重复，要有长时间坚持实现好的设计方案的耐心，保持设计的延续性和权威性，避免短视的"打补丁""翻烧饼"，避免"一任领导一个设计"。

### 5.2.2　方案形成

#### （1）扎实开展前期研究，出好设计命题

要获得好的城市设计方案，需要给设计团队提出清晰的设计命题。在城市发展战略目标框架下、设计具体方案前，应开展现状调查，综合分析建设实施条件，开展相关专题研究，对设计范围内如何从产业业态和功能定位、发展规模、综合交通、生态绿地系统、公共服务设施与市政基础设施等方面体现城市发展战略进行分析研判，确定城市设计方案

的前提和关注重点，明确城市设计的工作范围和基本任务。

### （2）开展方案征集和比选

根据清晰的设计命题，有条件的地区可通过竞赛、工作营等模式，开展城市设计方案征集和比选。遴选参加方案征集的设计团队时，除了常规的业绩资料报名赛制，还可以通过工作营的方式，邀请若干候选设计机构，在规定时间内进行现场踏勘、方案构思及编制，并向组织方和专家汇报，最终由组织方综合专家审议意见、设计机构业绩情况等条件，确定正式参加方案征集的团队。

方案征集进程中，要组织高水平的专家评判团队，团队中既要有经验丰富、视野开阔的行业资深设计师，又要有深耕于设计命题关注重点的各专业各领域专才。专家团队除了评定出征集的优秀方案之外，更重要的是在方案征集的不同阶段通过对方案的点评，对方案整合深化工作提出专业意见。

### （3）方案深化设计

城市设计涉及多种物质要素，需要在统一的目标下进行多专业的综合设计。因此，方案的深化设计，往往需要在地方政府部门的组织统筹下，组建一支由顾问专家、优胜设计团队、本地设计单位、规划管理部门以及交通、市政等专业设计单位组成的各具特长而又相对稳定的工作团队，并将征集方案转化为适应本地区发展的、可实施的成果，指导城市建设。

## 5.2.3　公众参与

### （1）建立城市总设计师和城市设计专家委员会制度，保证城市设计的实施延续性

在城市设计中，设计团队不但要完成城市设计方案编制，还应该在城市设计实施期间针对已报审批的项目提供专业技术咨询与建议，

为审批管理提供技术支撑。为了加强对城市设计成果实施情况的跟踪，促进城市设计顺利实施，有条件的城市可建立城市总设计师和城市设计专家委员会制度，负责城市设计方案的决策咨询、城市设计管理和实施全过程的技术指导。

城市总设计师和城市设计专家委员会的责任主要体现在协助规划管理部门协调实施方案与城市设计的对接，对正在报建的设计方案进行技术审核并提出咨询意见。城市总设计师应相对稳定，作为城市设计编制与管理的桥梁，长期跟踪服务，确保城市设计编制、管理与实施的连续性和稳定性。

### （2）加强公众参与，发动多方利益主体参与城市设计方案制定，体现阳光设计

在城市设计编制前期，组织相关部门、有关利益主体座谈，走访地方居民，了解现状和发展设想；在城市设计编制过程中，应根据实际情况多次将设计成果向所在地政府、当地居民及其他利益相关者广泛征求意见，对各方的反馈意见逐一落实，尤其是要与地区开发实施主体进行充分沟通交流；在确定城市设计深化方案前由实施主体提前介入，对城市设计深化方案的经济可行性进行分析论证，并形成经济测算分析报告，对于产业特色鲜明的地区，还可采取产业招商和城市设计一体化的工作模式，确保城市设计深化方案的可实施性；成果上报审批前，应依法进行公示，广泛征求公众的意见；成果审批后，应及时通过新闻发布会、政务公开网站等形式，将成果向社会发布。

## 5.2.4　城市设计成果的传导与实施

根据城市设计导控要素的刚性与弹性特征，结合城市建设公共管理的逻辑框架，形成城市特色总则、城市设计导则和建设管理等城市设计成果形式，实现各层次、各要素之间的协调统筹，提升成果的可实施性和导控性能。

### （1）城市特色总则

将城市特色要素提炼成图式语言和条款语言，作为城市建设的行动纲领应用在政府战略研究、城市规划、土地出让、地区发展、前期研究、重点项目以及城市建设与管理中。城市特色总则应包含自然山水格局、城市形态格局、重要地标、重要城市边界、重要视廊、公共空间体系等内容。批准后的城市特色总则应保持稳定，成为全市长期共同遵守的建设发展政策文件。

### （2）城市设计导则

将城市设计刚性要求提炼成城市设计导则，作为城市行政管理的重要依据。城市设计导则应注重场地设计、建筑导控、公共空间、人本服务等维度，以图式语言和条款语言，作为审批管理的准则。城市设计导则应作为城市规划、土地出让、开发建设和建筑设计的重要前提条件，由城市建设各相关部门共同组织实施。

### （3）建设管理图则

将城市设计中非政府行政管理强制性内容转换为建设管理图则，发挥对建筑、景观的指导作用。管理图则应提供详细的设计要求，如建筑布局和形态、公共开放空间、第五立面、立体绿化、换乘节点、地下空间安排、街道铺装、景观界面、出入口和人行天桥的位置等。建设管理图则定向提供给相应单位，由地区城市总设计师或城市设计委员会、项目单位、设计单位、公众代表等共同参与，实现城市设计的落地。

# 06

## 案例

● 本章从城市设计的方法与程序、城市与自然的
关系、历史文化的传承与活化利用、以人为本
的设计、新区设计等不同角度，分别选取了广
州、桂林、常州、厦门、北京和苏州等城市的
有关案例，展示本书所阐述的理论和方法的实
际运用情况。

# 6.1 广州：总体城市设计

## 6.1.1 基本情况

广州总体城市设计以"宜居、活力"作为总体目标，坚持问题导向，强调以"有用"和"底线控制"为基础，重点凸显岭南自然特征，展现广州城市包罗万象、多元互融的特征，形成城市与自然、历史、人性和谐共生的主旨（图 6-1）。充分发挥珠江的纽带作用，将沿岸重点地区串联起来，对沿珠江地带进行整体优化与提升；加快重点功能区的建设，推进多点支撑格局的形成；以微空间微改造为抓手，推动精细化城市品质提升行动计划的实施，打造全国城市设计工作示范样板。

图 6-1　广州整体城市鸟瞰

## 6.1.2 内容构成与成果实施

### （1）多层次的城市风貌体系

梳理市域内的地形地貌特征，梳理山水等自然要素，构建与山水格局相符的涵盖宏观、中观和微观的多层次城市风貌体系。

宏观层面，以市域为范围建构三维城市形态互动模型，梳理出依山、沿江、滨海的风貌特色，提出城市总体空间形态格局为"双环翠广佛，三城映珠水；六脉通山海，一轴领湾区"。依托丰富的地形地貌和山水等自然要素，北部突出生态山林风貌，中部突出现代都市风貌，南部突出滨海新城风貌，将市域划分为北、中、南部三个特色风貌区。

中观层面，以珠江景观带为统领，构建公共空间体系、空间廊道体系和滨江绿色长廊三大体系。明确划定下层级城市设计的重点地区，包括历史文化风貌区、滨水生态风貌区、现代轴线风貌区、公共门户风貌区，对这些地区的城市设计提出相应的导控要求，指引下一步城市设计工作。

微观层面，以小微视角修补城市，以城市空间微改造为抓手，挖掘城市特色、体验广州味道，从市民最关心的公共空间着手，以人的视角，全面推进城市功能修补和品质提升。

### （2）设计成果的传导与实施

以总体城市设计为总纲，以确保设计成果的可读性、可查性和可用性为基本原则，通过将城市风貌特色、山水格局、历史文化保护等控制要求纳入法定规划，制定广州市城市设计管理细则、广州市城市设计导则及系列专项导则，使总体城市设计的主体内容转化为法律条文和指引。

为有效地保护广州整体山水格局，延续具有特色的景观风貌，以行政管理的功能单元与规划管理单元为基础，划定高度分区，为城市建设高度管控提供参考依据和分类标准。

以重点地区、重要视廊等为试点，将城市设计相关要求纳入空间资源管理平台，为下层级的城市设计提供指引。同时，将区级管控重点也纳入市级管控体系，结合建筑景观审查工作，探索和创新重点地区及地块设计的符合性审查程序，在实际工程建设中贯彻落实城市总体设计的要求。

### （3）以全过程的公众参与凝聚社会共识

广州市城市总体设计，强调市民对城市的认同感和归属感，注重全流程的公众参与，从社区挖掘问题，从社会凝聚共识，通过资深媒体平台宣传与传播，建立全方位、多层次的多元参与方式，扩大城市设计的影响力。

例如，以思想沙龙、国际联盟工作坊、专家咨询会和评审会等形式，由政府主导、多部门支撑、专家和第三设计方共同推进，建立多方共识制度。通过政府、城市设计编制团队、资深媒体等联合举办"走读广州"、西关复兴探索体验活动等公众主题体验活动，让公众反馈有关公共空间存在的问题，从而进一步促进城市设计与实施对接完善。通过主流媒体和政府门户网站的持续关注和详细报道，形成公众的持续参与，凝聚社会共识。

# 6.2 桂林：自然山水与城市空间的有效衔接

## 6.2.1 基本情况

广西桂林是国内独具特色的山水城市代表，城市与自然山水有机融合，故有"千峰环野立，一水抱城流""江作青罗带，山如碧玉簪"的描述。城市内外有大大小小共计 134 座山体簇拥城市，占城市建成区约 35% 的面积；漓江由北向南顺流而下，拥城入江；城市左右两翼则囊括小东江、桃花江两大水系，呈现包容围合之势，桂湖、榕湖、杉湖等湖泊水系呈星状散落布局。城市被水系自然分割，呈组团式布局，也自然形成了"两江四湖"的环城水系。

## 6.2.2　城市设计亮点

### （1）保持山水格局，延续千年城市自然和谐关系

城市整体山水格局的控制与延续是桂林市城市设计的基础。城市以"景在城中、城在景中"作为设计的重要指导思想，尊重生态本底，原状保留大大小小的山体水体。重点强调突出"山—水—城"的特征，构筑多层次、有变化的山水格局（图6-2）。

构筑多层骨架山水系统，城市形成了内外三级布局模式。外围串联尧山、桂海、龙泉、芦笛等山体，形成城外大山体绿环。中间连接叠彩山、老人山、两山、黑山、南溪山等山体，形成城中小山体绿环。城内打造多彩水系，形成湖、江、河、溪等不同水系交相辉映、贯通其中的多样水系统。

### （2）柔性人工方式，增强城市水绿空间氛围营造

采用微改造更新手段，打造连续共生水体系统。对各个水系进行串联，形成循环互通的水系，将死水打造为活水空间，充分将城市融入水景之中，形成了现今城市中"两江四湖"的水系格局，综合考虑了城市环境效益与经济效益。

图6-2　桂林山水格局

图片来源：林兵、王建宁、肖祺、杨俊雄：《从"城市更新"到"城市双修"的规划实践研究——以桂林市为例》，《广西城镇建设》2018年第3期

以"控制为先，梳理其次，强化在后"的原则，对城市绿化进行恢复与强化。对城市内外的峰林峰丛山形地貌进行保留，保持山体的原真性，结合城市山水廊道的控制要求，对城市中影响风貌处进行拆除，作为公共空间、景观绿地等，进一步强化城市山水关系，增加绿化空间。实现城市绿化的规范化、系统化，打造多处公园绿地，营造良好的生态园林景观（图 6-3 ）。

### （3）延续街道格局，塑造历史人文桂林老城印象

老城作为桂林市最为重要的历史核心区，需要延续并强化其历史文脉与空间格局。突出靖江王府的景观核心节点功能，以此为心，与周边山水串联，打造"叠彩山—靖江王府—象鼻山"的城市核心景观轴，延

图 6-3　城市与山水融合共生

伸形成"十字形"的城市街巷空间格局。同时周边有序衔接"两江四湖"环城水系，充分将山水与历史相结合，不仅延续了明清时期桂林古城格局，同时还对其进一步进行强化，实现传旧承新的目的（图6-4）。

### （4）开放滨水空间，营造宜居宜业宜游的城市形象

桂林市内水体众多，连续的水体为城市滨水空间的营造预留了充分的空间。以桂林最重要的滨水地区榕杉湖地区为例，该地区最新的城市设计提出沿湖界面逐步向周围街区开放，提高滨湖地区的可达性，以明确的路径和视廊加强滨湖地区与周边街区的连通性，使城市建设与自然湖区有机融合。充分考虑滨湖地区建筑尺度与水体的协调性，以视觉分析为基础，将宜人尺度的小建筑穿插于大型建筑之

图6-4　桂林靖江府街道风貌

图片来源：林兵、王建宁、肖祺、杨俊雄：《从"城市更新"到"城市双修"的规划实践研究——以桂林市为例》，《广西城镇建设》2018 年第 3 期

间，通过建筑改造来弱化大体量建筑对滨湖地区的影响，并通过植被、景观等的设计，切分和弱化大广场空间，使滨湖地区开放空间更为宜人。

### （5）协调建筑风貌，强化城市景观地方特色

桂林基于独特的山水环境，讲究与生态、山水和文化的融合，形成了符合当地独特个性的建筑风貌。为衬托秀丽的自然山水，桂林建筑一般具有体量小、平缓坡屋顶、出檐大、色彩淡雅、造型轻巧通透等特点，并且一般具有院落式空间，形成族群式的布局模式，如花桥展览馆、西湖旅游宾馆等代表性作品。在当代城市设计中，桂林依然强调要结合地方特色和时代特征，对建筑传统风貌进行传承，保持建筑风貌与山水环境的协调统一。

# 6.3  常州：青果巷历史文化街区

## 6.3.1  基本情况

江苏省常州市是我国历史文化名城，有着多样的历史文化遗产。青果巷占地面积 80 000m²，作为常州保护完整性最好、知名度最高的历史街区，反映了常州历史文化特征，依水而建，内部历史遗迹丰富，遍布各类古建筑，具有极高的示范价值。

青果巷被纳入历史文化街区名录已经超过 30 年，大部分建筑仍保持明清时期传统建筑形式与建筑结构，屋顶彼此错落、相互穿插，院落布景丰富、层次鲜明。历史街区内的街巷蜿蜒曲折、疏密有致，形成了完整的空间体系，基本还原了传统水乡风貌，与周边城市新区形成鲜明对比。通过城市设计及更新保护，青果巷不仅保存了原有的建筑本体和建筑布局，更是留下了老城原汁原味的生活氛

围，实现了历史街区的功能转型与空间重塑，提升了街区的整体活力
（图6-5）。

图6-5　青果巷整体风貌

## 6.3.2　保护设计亮点

### （1）保护与修复的设计理念

本着最大限度还原历史风貌氛围、延续水乡建筑风韵的设计理念，对青果巷内传统街巷空间格局进行保留，打通断头路，形成连续完整的步行体系，并形成富有特色的三条主要轴线，即青果巷传统文化展示轴、古运河风光游览轴、天井巷古街巷体验轴。[1]

为了维持青果巷历史文化街区的基本风貌，一方面，严格处理违章搭建，并对照传统形制，拆除整体体量和空间尺度突破街区原有形制和尺度的建筑；另一方面，加固存在安全隐患的建筑；同时，街道和建筑的修复必须沿用原有尺度和材料。

1　徐沐阳：《常州青果巷历史文化街区遗产保护及改造设计研究》，东南大学硕士学位论文，2017。

除此之外，还原被占用空间，大力保护现有特色植物，种植本土植物，打造丰富优美的绿化景观环境。将一部分私人住宅共享化，打造对外开放的公共活动节点，如千果园、乌衣桥桥头小广场、半园等（图 6-6）。

### （2）传承与创新的设计策略

青果巷的设计强调在传承历史文化的基础上，结合现代设计手法、现代功能需求进行设计，实现新旧融合。从现代使用功能、发展前景等角度入手，用现代的设计手法，结合新的功能业态进行灵活调整，增加现代新的符号、要素，为其赋予创新的生命力，从而在整个街区范围内实现从传统向现代的过渡，活化传统历史街区（图 6-7）。

### （3）复兴文化功能，进发街区活力

能够让传统街区永葆活力、长生不息的，不单单是历史风貌的还原，更要注重文化的传承和延续。通过问卷调查、文献研究等多种方式论证得出，该区域内应培育文化、博览的功能，以增加文化底蕴，规划建设常州古运河博物馆、常州名人博物馆、常州名品馆、周有光图书馆 4 栋具有文化展览功能的建筑。在这些建筑周边，保证公共空间的开敞连续，形成有序的空间组织，同时增添餐饮、休闲、住宿等功能，提供完善的配套服务设施，以聚集人气。

图 6-6　青果巷庭院图

图 6-7　改造后民居与古巷图

# 6.4 厦门：鼓浪屿历史国际社区

## 6.4.1 基本情况

鼓浪屿历史国际社区位于厦门市西南部，整个岛在形态上恰似停留在港湾内的帆船，占地面积约 1.88km²，于 2017 年 7 月 8 日在世界遗产大会上被列为世界遗产。鼓浪屿上分散着 7 座小山头，此外岛上地貌特征丰富，林泉石壑遍布。岛上气候条件极佳，植物种类数以千计，林木茂盛。时至今日，鼓浪屿仍保留有各国领事馆、公共建筑、公共设施等建筑遗存，它们与这里独特的海岛景观共同构成鼓浪屿文化遗迹，具有极为珍贵的历史价值（图 6-8）。

鼓浪屿不仅是闽南本土居民、多国侨胞共同营建的社区，还是全球化早期阶段多元文化交流、碰撞的典范。其城市设计围绕鼓浪屿作为景区和社区的双重功能，不仅保护原有的历史遗存，而且突出文化多样性和生活品质的融合，强调社区环境的营造与社区文化的复兴，走向可持续发展。

图 6-8　鼓浪屿鸟瞰图

## 6.4.2　鼓浪屿特色评价

### （1）城景相依的小岛风情

鼓浪屿依托自然环境，伴随历史变迁发展形成了"城景相依、城景相融"的特殊关系，同时也形成了"城在景中、景在城中"的格局（图 6-9）。强调鼓浪屿"景区与城市"的复合特质，坚持人工建设环境与自然岛屿相互融合的基本理念，保护"城景相依"的独特物质空间环境。

图 6-9　鼓浪屿与厦门本岛

### （2）文化景区与国际社区的和谐共生

鼓浪屿"文化景区＋文化社区"的发展定位，不仅是从旅游景区的视角出发，更是考虑国际社区的文化特质，将对当代社区的关注、物质遗存与社区共同健康发展作为核心任务。在历史场所保护与恢复的基础上，提升社区的生活环境品质（图 6-10）。一些遗产空间恢复后，尽可能地开放，作为社区文化生活场所，如举办具有鼓浪屿特色的家庭音乐会、诗歌文学社团艺术活动等文化活动。突出物质文化遗产与社区个体之间的紧密关系，通过遗产保护恢复文化自信的基础。从社会形态的角度，梳理历史国际社区的组织结构、运行机制对应的功能载体，在遗产价值和社区生活的空间场所间建立起更紧密的联系。与此同时，严格控制游客量，确保鼓浪屿本地居民日常生活的舒适性和便利性。

图 6-10　鼓浪屿现代社区生活场所

### （3）街巷空间设计

　　基于鼓浪屿"景区＋社区"的双重功能，从本地居民与游客的便利性和舒适性出发，对街巷进行优化改造。改变鼓浪屿街巷原有的平行式空间格局，打破原有的单一线性空间，打开局部地段的围墙，拓宽街巷空间，在节点位置配备小品及休憩设施，营造曲折变化的街巷空间，提高街巷的趣味性，丰富行人的空间感受（图 6-11）。

图 6-11　鼓浪屿的传统巷道

# 6.5　北京：首钢工业遗址公园

## 6.5.1　基本情况

首钢历史悠久，见证了中国钢铁产业的发展历程，然而随着时间的推移，因城市对环保节能要求的提高，首钢于2010年进行迁移。搬迁完成后，大量建（构）筑物和设备设施被遗留下来，成为一个时代的缩影。这些被废弃的工业遗存，见证了中国钢铁工业的兴衰沉浮，承载着众多工人的汗水与记忆。如何对其合理保护利用，赋予其新功能，使首钢工业遗址重现生机活力，成为业界极为重视的课题。

首钢工业遗址公园在此背景下应运而生，成为保留工业遗迹、传承城市历史记忆的重要载体。在更新改造过程中，首钢工业遗址公园从传统城市工业园区正式向新时代城市文化创意产业区转型，实现城市产业关系的转型、升级，无论是在城市设计的理念方法方面，还是在城市设计的实施管控方面，都成为当代老工业区转型发展的领头羊。

## 6.5.2　首钢工业遗址公园设计理念与方法

经过详细研究和调查之后，提出"再生与活化"的设计理念，将首钢工业区打造成遗址公园，其目的在于重新赋予工业遗存以生命力，并将该区域与城市周边地区进行织补，使其融入城市之中（图6-12、图6-13）。

### （1）总体构架

在总体构架上，规划将遗址公园分为三个主题，分别是城市工业主题休闲园、都市文化创意产业园和绿色生态修复示范园。三个园区分别承担了工业文明展示、文化创意产业、生态修复技术应用等功能。

### （2）功能分区

在功能分区上，主要功能区划定为博览展示区、公共休闲区、创意文化区、亲水游乐区、石景山古建筑群和滨河休闲区。不同区域围绕各自的主题，安排各种娱乐活动和特色空间，强化了公园的实用性与美观性。

图 6-12　工业遗址公园的铁路线

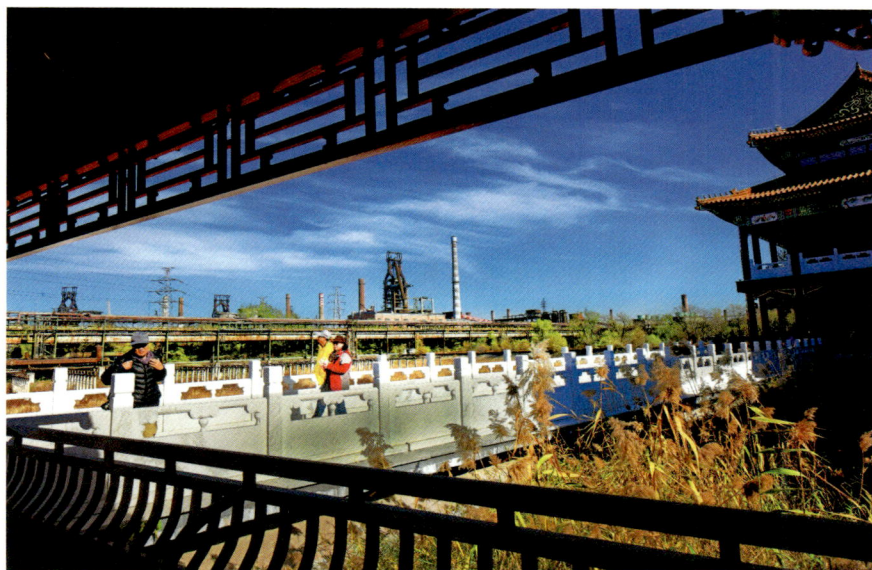

图 6-13　工业遗址公园传统与现代的结合

### （3）建筑更新与再利用

在遗址公园的更新改造过程中，强调单体建（构）筑物的改造，如高炉、冷却塔、料仓、烧结厂房等。通过改造，赋予这些单体崭新的功能，如博物馆、时尚酒店、创意空间、会议中心等。

如首钢西十筒仓作为工业资源构筑物改造再利用的代表，彰显了传统工业遗存在现代生活中的新兴活力，是老工业建筑价值重塑的成功典范。西十筒仓改造项目位于园区北端，首期工程于 2014 年 10 月建成，项目利用原工业建（构）筑物改造为创意产业集聚区，是国家城区老工业区搬迁改造首批试点项目。该项目在设计中遵循了《首钢园区城市风貌课题研究及应用》的设计要求与原则，形成了较好的城市风貌特色。项目规划占地 13.6hm$^2$，改造后总建筑面积约为 2.58万 m$^2$。筒仓原设计为煤仓和铁矿石仓，属于高炉上煤系统的组成部分。料仓原用途为储存和筛选高炉的入炉原料，并通过供料系统的皮带机输送至高炉的转运站，工业仓储建筑特色明显。工程体现"织补"设计理念，保留原有壮观的工业建筑尺度和丰富的外部空间形态，以民用建筑规范要求为前提，增加新的交通和服务功能。为优化工程内部的物理环境，对原有的围护结构进行更新和改造，以利于采光和引入空气。目前冬奥组委选择西十筒仓作为办公区，既体现了节俭办奥运的要求，也符合奥林匹克的文化追求。西十筒仓的改造更新实践以"人居环境"为主题，集文化创意、休闲旅游、文化活动于一体，囊括创意办公、配套商业等业态，后工业特色和独特的建筑品位、浓郁的创意氛围，将给办公和经营者带来个性化的体验。改造后的筒仓不仅保留了原有的建筑风貌特色，又赋予了其新的功能和新的生命。

## 6.5.3 首钢工业遗址公园城市设计实施过程

首钢工业遗址公园通过精细化的设计与管理，在城市设计实施方面成为当代老工业区转型的典型范例。首钢遗址公园在设计过程中，采用创新精细化的管控体系，实现"多规合一，精准实施"的城市设计目标。

### （1）2015 年后："多规合一，精准实施"阶段

2015 年以后，首钢长安街以北地区成为转型先行启动区，对整个首钢规划开展以"一张蓝图绘到底"为目标，搭建详细规划层面"多规合一"技术平台和协调管理平台的工作。通过统筹控规、专项规划、分区深化设计和重点项目设计等工作，将动态、精细化的技术综合和管理协调工作落实到规划管理和规划审批之中，保障老工业区转型目标和创新发展理念精准落地。

### （2）2017 年后："启动控规编制"阶段

2017 年以后，按照新首钢领导小组第四次会议的要求，落实新版总规减量提质的目标，结合前期规划实施中的经验和问题，启动了首钢南区控规的编制，进一步为首钢今后的可持续发展打好基础，也进一步创新规划的体制机制。

## 6.5.4　首钢工业遗址公园城市设计实施经验

首钢工业遗址公园在城市设计实施与管控方面的具体经验可概括为以下三方面。

### （1）多目标整合下全面转型的城市设计

立足全局，不仅注重城市结构优化、厂区土地开发等空间目标，也更加注重区域整体发展的联动、新产业链构建、污染治理、特色风貌和文化传承等全局性目标，带动"城市、老工业区、企业和人"的全面转型发展。

### （2）多阶段跟进下的规划设计全程参与

面对长期艰巨的转型任务，立足规划、建设、管理、运营多阶段全过程，抓住老工业区转型不同阶段的主要矛盾，以规划逐渐推进老工业区的改造从战略走向策略，从策略走向方案，从方案走向实施，实现规划设计"持续性"和"动态性"的统一。

### （3）多主体协同下的规划设计全方位落地

搭建规划设计协作平台，融合作为管理方的政府、作为实施主体的首钢，还有专家、智库等多方主体，汇聚规划、设计、建筑、景观、产业、能源、生态、交通等多专业力量，建立多主体和多专业的协同工作机制，共同谋划和实现转型发展蓝图。

总体而言，首钢工业遗址公园在实施管控的实践过程中将弹性预留、区域统筹、多专业多主体协同等手段纳入城市设计及实施管理的全流程，更好地适应首钢未来不同阶段的有机更新，促进老工业区的可持续发展。

# 6.6 苏州：金鸡湖周边新区城市设计

## 6.6.1 基本情况

苏州金鸡湖是我国最大的城市天然湖泊，环金鸡湖地区是苏州工业园的核心地区，经过多年的发展，已经基本建设成为各项功能完备的高品质新区（图6-14）。

城市设计贯穿于金鸡湖周边地区的整个开发建设过程，对将该地区建设成品质优越的新区起了重要的作用。适应金鸡湖的天然优势，环金鸡湖地区以水为核心，以古典园林的布局手法结合现代都市的特

图 6-14　苏州工业园环金鸡湖地区城市风貌

点，实现新旧风貌的融合。具体设计中，坚持以人为本的原则，结合金鸡湖的水体，塑造环境优美的滨水公共空间系统；充分考虑现代化新区功能的综合性和城市居民现代生活的需求，构建集金融、旅游、商务、休闲和居住于一体的宜居新区。

## 6.6.2　新区设计亮点

### （1）尊重自然，实现自然生态系统与人工建设系统的交融

尊重金鸡湖的自然形态，注重金鸡湖周围建成环境与湖体自然流线的有机融合，合理地沿湖布局滨水公共空间，实现公共空间与自然水体的和谐共生。重视维护滨水生态系统平衡，充分分析地区生态承载容量，沿湖驳岸划定不少于 50m 宽的滨湖湿地区，种植各类水生植

物，为各类生物营造良好的生境，确保生物多样性。为减少对生态环境的影响，尽可能将开发强度较大的功能区布局于自然防护带和开敞空间之后。

### （2）延续传统特色，新旧风貌融合

新区的设计不仅突出现代都市的风格，并且充分尊重苏州江南水乡的特色风貌，通过对江南水乡深厚文化底蕴和现代设计理念的灵活运用，将新区风貌与传统风貌串联起来，实现苏州传统文化在新时代背景下的延伸。例如，新区内的水巷邻里小区，延续姑苏水城的风貌特色，提取苏州古城城市肌理的元素，仿照当地古民居枕水而居的布局形式，通过一系列"水巷"来组织空间形态，将传统的江南水乡意境充分地体现在现代的商业休闲综合体和居住区上。

### （3）以人为本，塑造有温度的新区

充分考虑现代生活中人的需求，通过城市设计提供便利舒适的公共空间，提高公共空间品质，塑造美好的人居环境。如根据现代生活方式，引入邻里中心的设计模式，以 500m 为服务半径，统一布局菜市场、超市、社区医疗、休闲服务等设施，并结合邻里中心集中配置社区公园、小学、托儿所等服务设施，为居民提供便利的生活设施。此外，设计中还规定住宅区底楼必须让出 1/3 的面积，作为公众活动的场地，充分体现"以人为本"的理念。

### （4）精细设计，提升新区品质与活力

通过城市设计，创造丰富多样的、尺度宜人的多功能开放空间系统。沿金鸡湖控制 200m 宽的地带，将其作为城市绿地，设计成独具特色的滨水开放空间，如城市广场、望湖角、文化水廊、玲珑湾和波心岛等。注重岸线空间与已建成环境的融合关系，精心处理开放空间和建筑地区交界的边缘线，提高开放空间的趣味性。强调公共空间的可达性和连通性，通过连续的公共空间将不同的节点串联起来。由各行业专家对公园雕塑、小品、路灯等进行专门设计，整体提升开放空间的品质。

　　同时，强调建筑的体形、建筑的高度及建筑与环境之间的关系，通过划定裙房的控制线、大部分高层的控制线、标志性建筑的控制线，营造高低变化的天际线，丰富整个城市的空间层次，形成良好的城市界面和城市景观效果。

# 主要参考文献

［1］王克强，马祖琦，石忆邵. 城市规划原理［M］. 上海：上海财经大学出版社，2008.

［2］费孝通. 乡土中国［M］. 北京：人民出版社，2020.

［3］FREEDMAN L. Law in America: a short history［M］. New York：Modern Library, 2004.

［4］邓伟志. 社会学辞典［M］. 上海：上海辞书出版社，2009.

［5］董鉴泓. 中国古代城市建设［M］. 北京：中国建筑工业出版社，1988.

［6］庄林德，张京祥. 中国城市发展与建设史［M］. 南京：东南大学出版社，2002.

［7］霍华德. 明日的田园城市［M］. 金经元，译. 北京：商务印书馆，2010.

［8］沈玉麟. 外国城市建设史［M］. 北京：中国建筑工业出版社，1989.

［9］芒福德. 城市发展史：起源、演变和前景［M］. 宋俊岭，倪文彦，译. 北京：中国建筑工业出版社，2005.

［10］林奇. 城市意象［M］. 方益萍，何晓军，译. 北京：华夏出版社，2019.

［11］吴良镛. 人居环境科学导论［M］. 北京：中国建筑工业出版社，2011.

［12］麦克哈格. 设计结合自然［M］. 芮经纬，译. 天津：天津大学出版社，2017.

［13］培根. 城市设计［M］. 黄富厢，朱琪，译. 北京：中国建筑工业出版社，2003.

［14］RAPOPOR A. Human aspects of urban form: towards a manenvironment approach to urban form and design, urban and regional planning series 15［M］. Oxford: Pergamon Publishing，1977.

［15］亚历山大，奈斯，安尼诺，等. 城市设计新理论［M］. 陈治业，童丽萍，译. 北京：知识产权出版社，2002.

［16］张善文. 论王弼《易》学的"得意忘象"说［J］. 中国哲学史，1994(4)：91-94.

［17］李小娟. 基于认知意象的我国城市色彩规划与控制研究［D］. 天津：天津大学，2013.

［18］考夫卡. 格式塔心理学原理［M］. 李维，译. 北京：北京大学出版社，2020.

［19］王艳超. 马远艺术风格分析：从马远《踏歌图》《寒江独钓图》为例谈起［J］. 文物鉴定与鉴赏，2010（12）：86-93.

［20］李晓雪. 基于传统造园技艺的岭南园林保护传承研究［D］. 广州：华南理工大学，2016.

［21］郭谦，李晓雪. 粤韵园音，气韵相合：粤剧艺术博物馆创作理念［J］. 南方建筑，2015（5）：118-123.

［22］王建国. 从理性规划的视角看城市设计发展的四代范型［J］. 城市规划，2018，42（1）：9-19，73.

［23］胡焕庸. 中国人口之分布：附统计表与密度图［J］. 地理学报，1935（2）：33-74.

［24］陈硕. 基于城市肌理的苏州古城区空间形态演变研究［D］. 苏州：苏州大学，2015.

［25］赵万民，黄勇，李进，等. 山地人居环境科学七论［M］. 北京：中国建筑工业出版社，2015.

189

［26］赵万民，束方勇. 山地总体城市设计的理论认识与实践探索［J］.
　　　上海城市规划，2018（5）：14-21.

［27］王文奎. 城市"望山"的理想、行动、困境和对策：福州市城市
　　　山体保护规划的实践与思考［J］. 福建建筑，2017（3）：11-15.

［28］车通. 唐大明宫国家遗址公园宫殿区保护展示规划设计初探
　　　［D］. 西安：西安建筑科技大学，2009.

［29］张媛，侯晓蕾. 广东肇庆山水城市格局的历史形成与挑战［J］.
　　　建筑与文化，2016（3）：67-69.

［30］王如松，李锋，韩宝龙，等. 城市复合生态及生态空间管理［J］.
　　　生态学报，2014，34（1）：1-11.

［31］毛其正，黄甘霖，邬建国. 城市生态系统服务研究综述［J］. 应
　　　用生态学报，2015（4）：1023-1033.

［32］周艳华. 南京城市二元论：南京古今山水格局的传承与延续［J］.
　　　城建档案，2008（1）：37-40.

［33］卜巍. 城市地标系统整合研究［D］. 哈尔滨：哈尔滨工业大学，2010.

［34］刘凌云. 城市地标系统的历史演进及其优化探索［D］. 武汉：
　　　华中科技大学，2004.

［35］朱雪梅，杨慧萌. 时间发现 空间理解：五大道历史文化街区保
　　　护与更新规划研究［J］. 上海城市规划，2015（2）：60-65.

［36］王建国. 城市设计［M］. 3版. 南京：东南大学出版社，2018.

［37］陈纪凯，姚闻青. 城市设计的策动作用［J］. 城市规划，2000
　　　（12）：23-26.

［38］袁琳溪. 20世纪以来北京与华盛顿城市中轴线空间发展比较研
　　　究［D］. 北京：北京建筑大学，2011.

［39］李广宇，吕文博. 新动能 再出发：城市发展的路径选择［M］.
　　　上海：上海交通大学出版社，2019.

［40］陈宏伟. 创业者需求视角下的城市创新空间：类型、特征与规划
　　　策略［D］. 南京：南京大学，2018.

［41］MOONENT T, CLARK G. The logic of innovation location［R］.
　　　The Business of cities and future cities catapult, 2007.

［42］SALAT S, OLLIVIER G. Transforming the urban space through transit-oriented development: the 3V Approach［R］. World Bank Group, 2017.

［43］邱衍庆，黄鼎曦，刘斌全. 创新导向的建成环境更新：从新趋势到新范式［J］. 规划师，2019（20）：53-59.

［44］吴凯晴. "过渡态"下的"自上而下"城市修补：以广州恩宁路永庆坊为例［J］. 城市规划学刊，2017（4）：56-64.

［45］芦原义信. 街道的美学（上）［M］. 尹培桐，译. 南京：江苏凤凰文艺出版社，2019.

［46］章玲. 结合城市地下空间利用的下沉广场设计研究：以上海为例［D］. 重庆：重庆大学，2011.

［47］HALL E T. The hidden dimension［M］. Doubleday, 1969.

［48］亚历山大. 建筑的永恒之道［M］. 赵冰，译. 北京：知识产权出版社，2002.

［49］CARMONA M, HEATH T, TIESDELL S. Public place-urban space: the dimensions of urban design［M］. London: Architectural Press, 2003.

［50］马向明. 广东省绿道实践的回顾与展望［J］. 城市交通，2019，17（3）：1-7.

［51］程蓉. 15 分钟社区生活圈的空间治理对策［J］. 规划师，2018，34（5）：115-121.

［52］单樑. 以开发项目为导向的城市设计策划研究［D］. 哈尔滨：哈尔滨工业大学，2008.

［53］陈志敏，陈戈，刀海晖，等. 特大城市总体城市设计编制方法探讨：以广州为例［J］. 上海城市规划，2018（5）：28-34.

［54］赵广英，单樑，宋聚生，等. 深圳规划建设 40 年发展历程中的城市设计思维［J］. 城乡规划，2019（5）：103-113.

［55］林兵，王建宁，肖祺，等. 从"城市更新"到"城市双修"的规划实践研究：以桂林市为例［J］. 广西城镇建设，2018（3）：66-75.

［56］徐沐阳. 常州青果巷历史文化街区遗产保护及改造设计研究［D］. 南京：东南大学，2017.

# 后记

国内外对城市设计的理论研究和城市设计体系与机制的构建仍在不断发展之中，城市文化与城市设计这一选题更是涉及众多学科领域。因此，编写相关教材是一项极富挑战性的工作。本书通过梳理古今中外相关理论观点，结合代表性案例，向读者展示了发挥好城市设计的作用，促进城市中自然、人、文化和空间关系的永续协同，实现城市景观风貌品质提升和城市文脉传承的基本理念、路径和方法。

本书编写小组由广州市城市规划协会潘安、黄鼎曦、丁镇琴、陈天鹤、梁伟东，厦门市自然资源和规划局陈勇、翁芳玲，华侨大学建筑学院肖铭及研究生娄子雯、鲍沁雨、汪燃、于明晓，厦门市城市规划设计研究院许雪琳、杨章期组成。住房和城乡建设部建筑节能与科技司牵头，城市管理监督局协助编写工作。在编委会的指导下，编写组开展了多轮讨论，几易其稿，在此一并对全体参与本书编写工作的同仁表示感谢。

全书引用的案例参考了学术专著、论文，相关公共机构互联网信息和北京、广州、沈阳、苏州、福州、厦门、桂林、常州等城市政府有关部门提供的城市设计成果。本书未注明图片出处的，均来源于图虫网（https://stock.tuchong.com）。

限于时间关系，本书疏漏在所难免，今后会根据反馈意见和建议逐步修改完善，以期更好地为绿色发展理念下我国城乡规划设计和建设提供有益的参考。

潘安

2020 年 9 月